Bibliothek der Zeitzeugen

Hasso Pacyna

Ein deutscher Junge weint nicht

Bibliothek der Zeitzeugen

Hasso Pacyna

Ein deutscher Junge weint nicht

Jugend in den Kriegsjahren 1939–1945

Herausgegeben von Jürgen Kleindienst

JKL Publikationen

Die im Buch veröffentlichten Abbildungen und Dokumente stammen aus dem Privatbesitz des Verfassers.

Bibliografische Information Der Deutschen Bibliothek
Die Deutsche Bibliothek verzeichnet diese Publikation in der Deutschen Nationalbibliografie; detaillierte bibliografische Daten sind im Internet über http://dnb.ddb.de abrufbar.

Erweiterte, überarbeitete Neuauflage des gleichnamigen Buches, das im Jahr 2000 im Gerhard Heß Verlag, Ulm, erschien.

Bibliothek der Zeitzeugen
Verlag: JKL Publikationen GmbH, Berlin
Klausenpaß 14, 12107 Berlin
Telefon 030 - 7 41 04 624, Telefax 030 - 7 41 04 626
eMail: info@zeitgut.com
www.zeitgut.com
Herausgeber: Jürgen Kleindienst
Umschlaggestaltung: Maria Herrlich, Berlin
Printed in Germany
ISBN 3-933336-40-6

Meiner lieben Frau Marga,
unseren vier prächtigen Söhnen,
Michael, Christian, Ulrich und Hilko,
ihren Lebenspartnern
sowie ihrer Nachkommenschaft gewidmet.

Inhalt

Vorwort des Verfassers

Die Europa überschattenden Krisen des Jahres 1938, der Anschluß Österreichs an das Deutsche Reich und der Einmarsch deutscher Truppen in das Sudetengebiet, konnten noch auf diplomatischem Wege beigelegt werden. Auch in der ersten Hälfte des Jahres 1939 wurden in brenzligen Situationen wie der Errichtung des Reichsprotektorats Böhmen und Mähren oder der Wiedervereinigung des Memelgebietes mit dem Deutschen Reich kriegerische Auseinandersetzungen vermieden. Doch mit dem Angriff Deutschlands auf Polen brach am 1. September 1939 der Zweite Weltkrieg aus. Davon bekam die heranwachsende Generation – abgesehen von der Einberufung vieler Väter und leider auch erster Kriegstoter – anfangs wenig zu spüren. Das änderte sich jedoch bald.

Schon im ersten Halbjahr 1940 gelang es britischen Flugzeugen, meist Aufklärern, immer wieder in den deutschen Luftraum einzudringen und überall im Lande Fliegeralarm auszulösen, der den Schulunterricht empfindlich störte. In den letzten Augusttagen 1940 erreichten Bomberverbände der Royal Air Force erstmals Berlin und warfen dort ihre Bombenlast ab. So lief Anfang Oktober 1940 im Rahmen der „Erweiterten Kinderlandverschickung" die breitangelegte Evakuierung ganzer Schulklassen aus den besonders bedrohten Großstädten und Industrieregionen in ländliche Gebiete Deutschlands an. Eine Vielzahl von Familien wurde getrennt. Vielfach gaben die Kinder zwischen verschiedenen Lageraufenthalten in ihrem Elternhaus nur noch Gastrollen, die teilweise wiederum durch Ernteeinsätze unterbrochen und damit verkürzt wurden.

Mit dem am 13. Januar 1943 veröffentlichten Erlaß des Führers und Reichskanzlers Adolf Hitler über den Einsatz von Männern und Frauen für die Aufgaben der Reichsverteidigung begann die „Totale Mobilmachung" der deutschen Bevölkerung. Aufgrund dieses Erlasses wurden bereits Mitte Februar 1943 die ersten Schüler von höheren Schulen, die das 15. Lebensjahr vollendet hatten, zur Dienstleistung als Luftwaffen- bzw. Marinehelfer einberufen, also vornehmlich Schüler der Jahrgänge 1926 und 1927. Ab Januar 1944 betraf es den Jahrgang 1928, wobei die Schüler teilweise direkt aus einem Lager der Kinderlandverschickung anreisten.

Der Einsatz von Schülern war vor allem in besonders bombengefährdeten Gebieten vorgesehen, wobei die Helfer in oder nahe ihrem Heimatort eingesetzt werden sollten. Der Schulunterricht sollte, mit Blick auf den Mangel an akademischen Nachwuchskräften in Deutschland, in möglichst großem Umfang weiter erteilt werden. So kamen insgesamt rund 200 000 Schülern an der „Heimatfront" zum Einsatz und übernahmen Aufgaben von Soldaten, die dadurch für die Landesverteidigung an der Außenfront zur Verfügung standen. Als über die Einberufung von Schülern der höheren Schulen der Bedarf nicht mehr gedeckt werden konnte, wurden ab Anfang 1945 auch Lehrlinge aus den verschiedensten Berufen, soweit sie das 15. Lebensjahr vollendet hatten, zum Dienst als Luftwaffen- bzw. Marinehelfer herangezogen.

Ein Zeitzeuge des Jahrgangs 1928 aus Berlin berichtet hier, gewissermaßen als ein Beitrag zur Geschichte des Zweiten Weltkrieges, über seine Erlebnisse in der Zeit von Frühjahr 1939 bis Juli 1945.

Eine ganz normale Familie

Als sich im Sommer 1939 über Mitteleuropa immer dunkler werdende Kriegswolken zusammenballten, war ich elf Jahre alt und Mitglied einer eigentlich ganz normalen Berliner Familie. Zu dieser im Stadtteil Wilmersdorf wohnenden Familie gehörten meine Eltern, meine um 16 Monate ältere Schwester Barbara, mein um 14 Monate jüngerer Bruder Heiko und eben ich. Während wir Brüder gemeinsam in die Treitschke-Schule, eine Oberrealschule für Jungen, gingen – Heiko in die Sexta, ich in die Quinta – besuchte unsere Schwester das Lyzeum am Nikolsburger Platz, das auch hauswirtschaftlich orientiert war und spöttisch gern als „Pudding-Akademie“ bezeichnet wurde.

Unser Vater, Günther Pacyna, 1896 als Sohn einer Lehrerfamilie in Posen geboren, war als Abteilungsleiter im Reichsnährstand tätig, ohne Mitglied der NSDAP zu sein. Seine Dienststelle lag am Hafenplatz. Er kam nicht selten spät nach Hause, war viel unterwegs, auch auf längeren Dienstreisen. Oft arbeitete er zu Hause bis spät in die Nacht.

So blieb die Erziehung der Kinder ziemlich weitgehend unserer Mutter, Ursula Pacyna, geb. Bischoff, überlassen. Wenngleich ihr ein Dienstmädchen zur Seite stand, war sie bei drei Kindern als Hausfrau belastet, zumal sie gesellschaftliche Verpflichtungen zu erfüllen hatte. Sie wurde 1905 in Rixdorf geboren, das bereits 1435 nach langwierigen Streitigkeiten von den Johannitern an Berlin-Cölln verkauft worden war. 1912 wurde dieser Stadtteil, zur Hebung seines arg beeinträchtigten Ansehens, in Neukölln umbenannt. Sie war also eine nahezu waschechte Berlinerin, was man ihr allerdings an der Sprache nicht anmerken konnte.

Unsere Eltern hatten 1924 nach harter Inflationszeit in Berlin geheiratet, wohnten zunächst in Stralsund, kehrten 1926 nach Berlin zurück und fanden schließlich, nachdem die Familie gewachsen war, im April 1930 in Wilmersdorf eine dauerhafte Bleibe in der Prinzregentenstraße Nummer 5. Das Haus gehörte zu einem großen geschlossenen Häuserblock, der von der

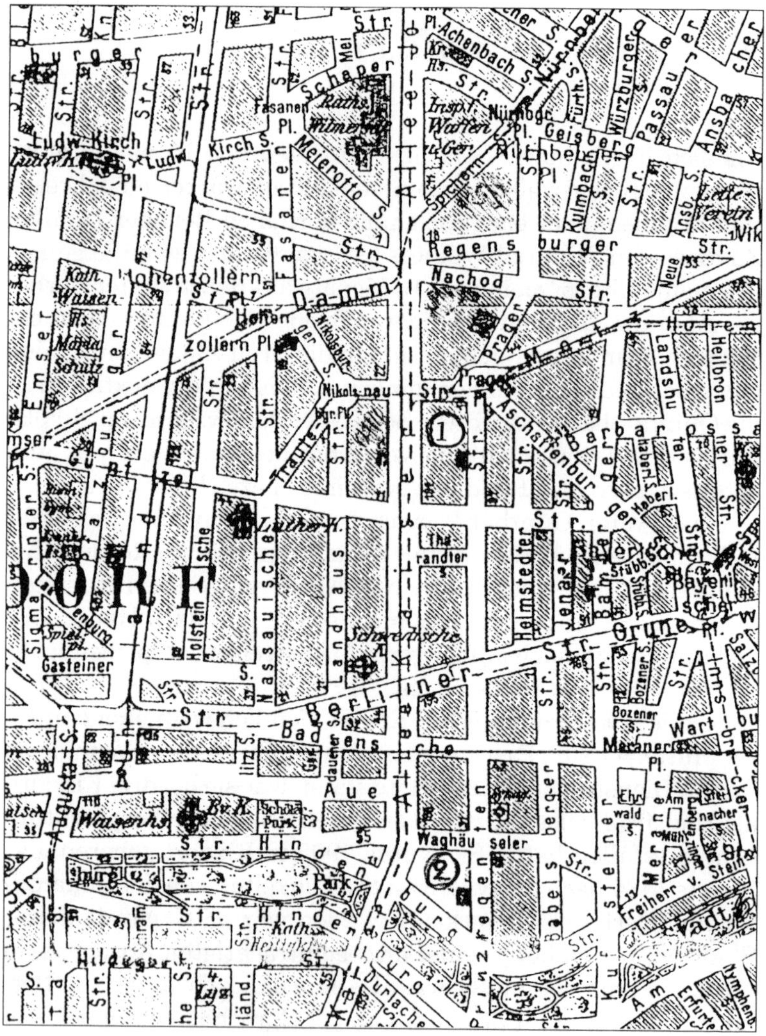

Stadtplanausschnitt von Berlin-Wilmersdorf und -Schöneberg.
1. Unsere Wohnung in der Prinzregentenstraße 5.
2. Treitschkeschule in der Prinzregentenstraße 33-35.

Prinzregentenstraße, der Güntzelstraße, der Kaiserallee (heute Bundesallee), der Trautenaustraße und einem Teil des Prager Platzes gebildet wurde. Er lag am Rande des recht angesehenen Bayerischen Viertels in Berlin, dessen Zentrum der Bayerische Platz war.

Unsere Wohnung befand sich in der vierten und somit obersten Etage und hatte immerhin 185 Quadratmeter. Das war auch für Berliner Verhältnisse eine beachtliche Größe. An die Wohnung kann ich mich recht gut erinnern, schließlich verbrachte ich darin den größten Teil meiner Jugend.

Zur Prinzregentenstraße raus lagen drei relativ große Wohnzimmer. Das größte, das etwa acht Meter lang und fünf Meter breit war, insgesamt also 40 Quadratmeter maß, benutzten wir als Eßzimmer. Es war direkt vom vorderen Korridor erreichbar und durch eine Schiebetür mit dem Mittelzimmer verbunden. Dieses Zimmer, vor dem sich in der ganzen Breite ein Balkon befand, gehörte meiner Mutter. Hier hatte sie ihren Schreibtisch, hier hatte sie ihre Nähecke. Es war etwa viereinhalb Meter breit und sechs Meter lang. In etwa dieser Größe schloß sich ein drittes, das von Bücherregalen und einem großen Schreibtisch beherrschte Herrenzimmer an. Es war durch eine große Flügeltür mit dem Mittelzimmer verbunden, konnte aber auch vom vorderen Korridor her betreten werden.

Vom vorderen Flur aus kam man auch direkt in das sogenannte Eckzimmer, in dem lange Zeit hindurch Bundesbrüder meines Vaters wohnten. Später bekam dieses Zimmer unsere Schwester Barbara als ihr eigenes Reich. Ebenfalls vom Vorderflur gelangte man ins Kinderzimmer, in dem wir Kinder lange Jahre hindurch zusammen spielten, tobten und schliefen.

Vom Kinderzimmer aus kam man in den immerhin 13 Meter langen hinteren Korridor, der das Eßzimmer direkt mit der Küche verband. Dieser etwa zwei Meter breite Flur war für uns Kinder eine ideale Rennstrecke, zumal keinerlei Möbel für Engpässe sorgten. Von diesem Flur ging hinter dem Kinderzimmer das elterliche Schlafzimmer ab. Dann folgte das Badezimmer mit Toilette. Hier war eine Zwischendecke eingezogen, über der uns ein beachtlicher Stauraum von etwa einem Meter Höhe zur Verfügung stand.

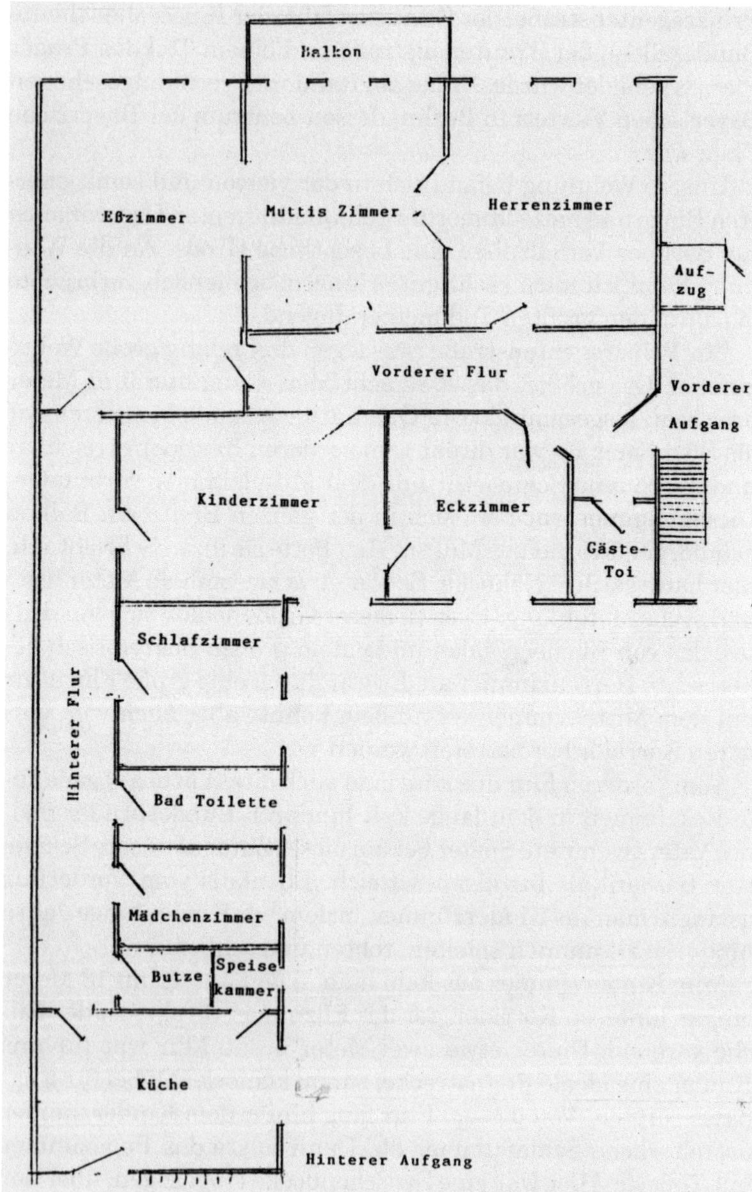

Unsere Wohnung in der vierten Etage der Prinzregentenstraße 5.

Hinter dem Bad befand sich das Mädchenzimmer. Bis in die ersten Kriegsjahre hinein hatten wir, wie schon erwähnt, immer ein Dienstmädchen. Dieses hatte dort ihr bescheidenes eigenes Reich. Zwischen Mädchenzimmer und Küche gab es noch die Butze, eine kleine Kammer, in der alles mögliche abgestellt wurde. Die Butze ging nicht bis zur Außenwand des Hauses, sondern nur der im oberen Drittel befindliche Lichtschacht, der allenfalls für Schummerlicht sorgte. Die ausgesparte Ecke bildete die Speisekammer, die nur von der Küche betreten werden konnte.

Am Ende lag die etwa vier mal sechs Meter große Küche, das Reich der Hausfrau und des Dienstmädchens. Hier war der zweite Eingang zur Wohnung, der über das hintere Treppenhaus führte. In Berlin sprach man vom Dienstboteneingang, an dem auch zahlreiche Bettler anklopften. Ihre Zahl war bei uns wohl deshalb so groß, weil am Hofeingang ein Zeichen mit dem Hinweis eingeritzt war, daß man in der vierten Etage schon mal was zu essen bekommen habe. Unsere Mutter hatte eigentlich stets eine offene Hand. Mal gab's für die Bettler einen Teller Suppe, mal eine Butterstulle, mal einen Apfel.

Zu unserer Wohnung gehörte im übrigen im Dachgeschoß, das weitgehend als Hängeboden für die Wäsche diente, in dem aber auch viele Mietsparteien Lattenverschläge als Abstellgelegenheit hatten, eine Burschenkammer. Vielfach wurden Wohnungen wie die unsere an Offiziere vermietet, die auch eine Unterkunft für ihren Burschen brauchten. Wir besaßen mit dieser Kammer eine zusätzliche Abstellmöglichkeit, die gut geschützt und nicht einsehbar war.

Natürlich war das Kinderzimmer in unserer Wohnung unser Hauptspielort. Oft kamen noch Freunde, und so ging es meist hoch her. Wir hatten zwar viele Bauklötze, aber am liebsten spielten wir mit unseren Lineol-Soldaten, die es in den verschiedensten Formen gab. Wir konnten einen ganzen Musikzug deutscher Soldaten aufmarschieren lassen, mit Tambourmajor und Schellenbaumträger. Viele Soldaten befanden sich in Kampfpositionen, darunter stehende, kniende und liegende Schützen, sogar einige Soldaten mit Flammenwerfern besaßen wir. Andere standen Wache vor Zelten um ein Biwakfeuer.

Und das alles noch in verschiedenen Uniformen. Neben den in der Zahl weit überlegenen deutschen, in Feldgrau gekleideten Soldaten mit Stahlhelm hatten wir hellblau uniformierte französische und auch englische Soldaten in brauner Uniform mit flachem Helm. In Einzelstücken waren aber auch andere Nationen vertreten. Wir hatten Panzer, Geschütze, Pontons, und selbst eine Gulaschkanone fehlte nicht. Oftmals sah das Kinderzimmer im wahrsten Sinne des Wortes wie ein Schlachtfeld aus, zumal die Bauklötze das Kampfgelände noch unübersichtlicher machten.

Für Kinder nationaldenkender Eltern, bei denen die Wehrhaftigkeit eines Volkes hoch im Kurs stand, war es als selbstverständlich, daß Soldaten das Kinderzimmer beherrschten. An manchem Sonntag spielte sogar unser Vater – von uns stets Vati genannt – mit uns. Da wurden ganze Landschaften aufgebaut. Blaues Papier markierte die Flüsse, Bauklötze unter dem Teppich formten die Berge. Und dann entbrannte die Schlacht, wobei wir in Strategien der Kriegsführung eingeführt wurden. Da wurden Flankenangriffe gestartet und Täuschungsmanöver durchgeführt. Die Erfolgreichen waren aber immer, wie konnte es anders sein, die deutschen Truppen.

Von der politischen Einstellung unserer Eltern bekamen wir Kinder nicht viel mit. Ich weiß nur, daß bei angeordnetem Fahnenschmuck auf unserem Balkon lange Zeit hindurch zwei Fahnen hingen. Unser Vater war deutschnational eingestellt und hißte die schwarz-weiß-rote Fahne. Unsere Mutter sympathisierte mit den Nationalsozialisten, folglich wurde auch die Hakenkreuzfahne gesetzt. Dieses Nebeneinander endete jedoch durch einen Erlaß, der verfügte, daß ab Juni 1936 nur die Hakenkreuzfahne gehißt werden durfte. Seitdem wehte bei uns nur noch eine Fahne vom Balkon. Doch zurück zu unseren Spielsachen.

Zum Leidwesen unserer Schwester Bärbel hatten wir sogar eine Kanone, aus der mit Hilfe von Zündplättchen Gummigeschosse abgefeuert werden konnten. Wir setzten sie zwar meist in den Schlachten ein, aber hin und wieder lagen wir mit dem Geschütz auf der Lauer, um Bärbel beim Vorbeigehen im hinteren Flur eine solche Gummikugel an die Beine zu schießen. Und die Brüder trafen auch manchmal. „Ihr seid aber gemein!" war ihr Kommentar. Und sie hatte im Grunde genommen recht.

Trauriges Abschlußkapitel unserer heftigen, oft Stunden dauernden Schlachten war dann das Aufräumen. Da mußten nicht nur die Bauklötze wieder eingeräumt, sondern auch die Soldaten in Reih und Glied im Spielzeugschrank, einem älteren Küchenschrank, aufgestellt werden. Und das war gar nicht so einfach, fielen sie doch, dicht an dicht stehend, nicht selten um und zeigten allzu gern den Dominoeffekt. Aber es mußte alles stehen, denn oft gab es Kontrollen, ob dies auch der Fall war. Sonst war uns ein väterliches Donnerwetter gewiß, und das wollten wir möglichst vermeiden.

Schon frühzeitig wurden wir Jungen auch mit dem Gewehr vertraut gemacht. Irgendwann erhielten wir Luftgewehre, mit denen wir nur unter Aufsicht hantieren durften. Für die Schießübungen war der hintere Flur unserer Wohnung – auch wenn die Lichtverhältnisse nicht ideal waren – allein schon seiner Länge wegen bestens geeignet. An die Tür vom Eßzimmer wurde eine große Zielscheibe angebracht, auf die wir mit Federbolzen ballern durften. Mit zunehmendem Alter wurde dann der Abstand zwischen dem Schützen und der Zielscheibe immer mehr vergrößert.

Die Federbolzen wurden später durch Bleikugeln ersetzt. Dafür benutzten wir kleinere Zielscheiben, die vor einen Kugelfang gesteckt wurden. Bald trugen wir regelrechte Wettkämpfe aus, an denen sich unser Vater und auch „Onkel Wowa", ein Bundesbruder unseres Vaters, beteiligten. Es wurden sogar Preise ausgesetzt, und wir waren wirklich mit Eifer dabei.

Mit etwa zehn Jahren suchte ich Kontakt zum Jungvolk. Da viele Klassenkameraden dieser Vorstufe der Hitler-Jugend (HJ) für die zehn- bis 14jährigen angehörten, ergab sich das gewissermaßen von selbst. Obwohl das „Gesetz über die Hitlerjugend" vom 1. Dezember 1936 die HJ als einzig anerkannte Jugendorganisation festlegte, war zu diesem Zeitpunkt die Mitgliedschaft beim Jungvolk noch freiwillig. Erst im März 1939 wurde der Dienst in der Hitler-Jugend für Jungen und Mädchen ab zehn Jahren zur Pflicht. Eltern, die sich dagegen wandten, wurde Strafe angedroht.

Ich machte aber freiwillig beim Jungvolk mit, und meine Eltern waren damit einverstanden. Sie kauften auch die Uniform, so daß ich nicht etwa in „Räuberzivil“ aufkreuzen mußte. Das war eigentlich auch nicht verwunderlich, war doch unser Vater ebenfalls im Alter von zehn Jahren – das war im Jahre 1906 – in das Jugendkorps „Blau-weiß-blaue Union“ (später Jungsturm) eingetreten und aktiv gewesen, bis er im August 1914 als Freiwilliger in den Krieg zog.

Zu den besonderen Ereignissen zählten für uns Jungen damals die Paraden, zu denen wir geschlossen im „Fähnlein“ hinmarschierten. Die kleinste Einheit beim Jungvolk war die Jungenschaft, deren Führer eine rot-weiße Kordel von der Brusttasche zum Jackenknopf trug. Ihr folgte der Zug, dessen Führer eine dickere grüne Kordel vom Schulterstück zur Brusttasche trug, wie alle höheren Führungskennzeichen auch „Affenschaukel“ genannt. Dann kam das Fähnlein, dessen Führer eine dikkere weiß-grüne Kordel vom Schulterstück zur Brusttasche trug, schließlich der Stamm, dessen Führer eine dickere weiße Kordel vom Schulterstück zur Brusttasche trug. Die Stämme waren dann noch zu einem „Gau“ zusammengeschlossen. Alles war durchorganisiert, so auch die Teilnahme an Paraden und Empfängen.

Erstes Unternehmen dieser Art war die Teilnahme an der großen Militärparade anläßlich des 50. Geburtstages von Adolf Hitler am 20. April 1939. Wir strömten zur Ost-West-Achse von Berlin und jubelten zunächst dem Führer und dann den paradierenden Soldaten zu. Hier wurde Stärke demonstriert, und das gefiel uns. Besonders beeindruckten uns die Panzer und die Flugzeuge, die über die marschierenden Einheiten hinwegdonnerten. Vor den einzelnen Waffengattungen zogen Kapellen mit schneidiger Musik daher. Alles klappte aufgrund des vorangegangenen Drills bestens. Wir standen dicht an dicht, und jeder versuchte, einen möglichst günstigen Platz zu ergattern.

Schon am 6. Juni 1939 fand die nächste Parade statt. Es war die Siegesparade der Legion Condor, die am spanischen Bürgerkrieg (1936 bis 1939) auf der Seite Francos teilgenommen hatte. Von den in Spanien eingesetzten rund 6 000 Freiwilligen waren 420 gefallen. Vor der Technischen Hochschule in Berlin nahm der Führer die Parade ab. Für uns waren die heimgekehrten Soldaten in ihren Khaki-Uniformen Helden. Entsprechend stürmisch wurden sie von uns gefeiert.

Nachdem Anfang September 1939 der Zweite Weltkrieg ausgebrochen war, wurden Paraden zur Seltenheit. Das Militär hatte wahrlich andere Aufgaben zu bewältigen. Wir aber verfolgten die Kriegsereignisse wie den Polen-Feldzug, die Besetzung von Dänemark und Norwegen und dann den Westfeldzug mit großer Aufmerksamkeit und registrierten insbesondere jede einzelne Sondermeldung über deutsche Erfolge im U-Boot-Krieg. Wir saßen dann alle um unseren „Volksempfänger“, ein kleines, relativ preiswertes Radio in dunklem Plastikgehäuse, herum und freuten uns über jeden Sieg der Deutschen. Eine gewisse Kriegsbegeisterung war uns anerzogen worden und trug nun ihre Früchte.

Am 6. Juli 1940 erlebten wir nach dem erfolgreichen Abschluß des Westfeldzuges – Frankreich hatte am 17. Juni bedingungslos kapituliert – noch einmal eine Siegesparade. Der Oberste Befehlshaber der Wehrmacht, Adolf Hitler, zog durch das Brandenburger Tor unter dem Jubel der Bevölkerung in Berlin ein. In der mit Fahnen, Girlanden und Blumen geschmückten Reichshauptstadt marschierten Truppen der Wehrmacht gemeinsam mit Formationen der NSDAP auf, um den Führer zu feiern. Wir standen Unter den Linden dicht gedrängt und jubelten mit. Und wir machten alles gerne mit, Strapazen nahmen wir dafür geduldig auf uns.

Aber es gab auch andere Ereignisse, zu denen wir in das Zentrum von Berlin abkommandiert wurden. Des öfteren waren hohe Gäste in der Reichshauptstadt gebührend zu empfangen. Am 22. Mai 1939 mußten wir den Außenminister Italiens, Galeazzo Graf Ciano, begrüßen, der zur Erneuerung der Achse Berlin – Rom gekommen war. Ein andermal war es der „Duce“, Benito Mussolini, den wir bejubeln sollten, als er den Führer besuchte. Die Empfänge wurden immer mit großem Aufwand und Pomp durchgeführt. Fähnchen schwenkend standen wir am Anfahrtsweg zur Reichskanzlei, mal die Hakenkreuzfahne, mal die Fahne des Landes, aus dem der Gast kam, in der Hand. Weiterhin erinnere ich mich an den begeisterten Empfang, der dem ungarischen Reichsverweser, Admiral Miklòs von Horthy, bereitet wurde. Auch ich stand an der Straße und winkte ihm zu. Der Admiral fuhr in seiner schicken Marineuniform im offenen Wagen und hatte offensichtlich Gefallen an dem Spalier, das die Bevölkerung von Berlin zu seinen Ehren bildete.

Unvergeßlich bleibt mir der Empfang des sowjetischen Außenministers, Wjatscheslaw Molotow, am 12. November 1940, kurz vor unserer Abreise nach St. Joachimsthal. Das jubelnde Volk sollte den in offener Mercedes-Limousine fahrenden Gast, der recht finster dreinblickte, beeindrucken, ging es doch um den Versuch, die deutschen und die sowjetrussischen Interessengebiete abzustecken. Doch dieser Versuch scheiterte, obwohl viele Berliner, darunter auch der Pimpf Hasso, die Straße säumten.

Oftmals wurden dem Jungvolk Sammelaufträge erteilt. Mit Büchsen bewaffnet und unaufhörlich damit klappernd, sammelte ich für das Winterhilfswerk. Wir verkauften Figuren als Ansteckabzeichen. Mal waren es Trachtenpuppen aus den verschiedenen deutschen Gauen, mal Soldaten aus früheren Zeiten in bunten Uniformen, aber auch Schmetterlinge oder andere Tiere und Blumen waren dabei. Meist handelte es sich um Serien, die von uns eifrig gesammelt wurden. Fast alle Menschen trugen dann Abzeichen, und Spendenunwillige konnten schnell ausgemacht werden. Auch vor dem Muttertag starteten wir jährlich eine Sammelaktion. Wir taten dies mit Begeisterung, wenngleich der Zeitaufwand erheblich war. Die besten Sammler wurden besonders belobigt, und das gab Ansporn.

Die Treitschke-Oberschule, die Heiko und ich besuchten, lag in der Prinzregentenstraße, an deren Anfang wir wohnten. Unser Haus hatte die Nummer 5, und die Schule, ein mächtiges Gebäude von Anfang des Jahrhunderts, die Nummer 33 bis 35. Das klingt, als ob die Schule sich ganz in der Nähe befand. Das war aber nicht der Fall, denn in Berlin war es oftmals üblich, die Häuser fortlaufend auf der einen und zurück auf der anderen Seite zu numerieren. Unserer Nr. 5 stand beispielsweise das Haus Nr. 98 gegenüber.

Zudem hatten die Häuser im „Bayerischen Viertel“ von Berlin Wilmersdorf eine ganz stattliche Breite. Jedenfalls war es bis zur Schule doch ein ganz schönes Stück, schließlich mußte ich über die Güntzelstraße, vorbei an der Tharandter Straße, die von rechts kommend in unsere Straße einmündete, über die Berliner, die Badische und die Waghäuseler Straße hinweg, konnte aber immer auf unserer Straßenseite bleiben. Kurz vor dem Stadtpark, zeitweilig Hindenburg-Park benannt, der sich vom Schöneberger Rathaus bis zur Kaiserallee und noch über diese hinaus erstreckte, lag endlich das Schulgebäude. Der Schulweg betrug etwa einen Kilometer, und man mußte frühzeitig aus dem Haus, wenn man nicht zu spät kommen wollte. Unser Weg führte übrigens an den Trümmern der Synagoge vorbei, die in der „Reichskristallnacht" vom 9. zum 10. November 1938 niedergebrannt worden war. Sie lag auf der anderen Straßenseite kurz vor der Waghäuseler Straße.

In den Osterferien 1940 unternahmen meine Mutter und ich eine zweitägige Radtour. Mit der Eisenbahn ging's nach Strausberg, östlich von Berlin. Die Fahrräder wurden im Gepäckwagen transportiert. Wir hatten nur leichtes Gepäck, das wir auf dem Strausberger Bahnhof auf die Gepäckträger schnallten. Ab und an fuhren wir über lange Straßen mit Kopfsteinpflaster (Katzenköpfe) und wurden dabei kräftig durchgeschüttelt. Als wir am Rande von Strausberg waren, stellten wir plötzlich fest, daß unser kleiner Koffer, den ich auf meinem Gepäckträger transportiert hatte, verschwunden war. Darin befanden sich nicht nur das Geld und die Reisepläne, sondern auch unsere Lebensmittelkarten, was in der damaligen Zeit viel bedeutete. Ohne Karten keine Lebensmittel, selbst in Lokalen und Restaurants hätten wir ohne sie nichts zu essen bekommen.

Wir kehrten um und suchten den Weg ab, aber nirgendwo war der Koffer zu finden. Schließlich fuhren wir zur Polizei. Als wir die Tür zur Wache öffneten, sahen wir, sehr zu unserer Freude und Erleichterung, unseren Koffer friedlich auf einer Bank stehen. Ein Autofahrer hatte ihn gefunden und sofort zur Wache gebracht. Nichts fehlte. Wir hatten Glück im Unglück. Beschwingt radelten wir an diesem Tage bis Freienwalde, wo wir in einem Hotel übernachteten. Uns beiden tat von dem ungewohnten Radfahren allerdings die Kehrseite arg weh. Da halfen nur Massage und Einreiben mit Niveacreme.

Am nächsten Tag fuhren wir zunächst zum Schiffshebewerk Niederfinow am Oder-Havel-Kanal, das Schiffen bis zu 1200 Tonnen ermöglicht, die Höhendifferenz von 36 Metern zwischen Oder- und Havelpegel zu überwinden. Das gewaltige Bauwerk beeindruckte mich sehr. Für mich war es ein Wunderwerk der Technik.

Nach der Besichtigung schwangen wir uns wieder auf die Räder und fuhren zum 1258 gegründeten Zisterzienserkloster Chorin, dessen 1273 bis 1334 erbaute Kirche, eine dreischiffige Basilika, ein bedeutendes Beispiel der deutschen Backsteingotik ist. Von dort radelten wir noch nach Eberswalde und kehrten dann nach Berlin zurück. Diese kurze Radtour ist mir in bester Erinnerung geblieben, denn wir hatten trotz einiger Beschwernisse unser Ziel erreicht, und das stärkte auch mein Selbstbewußtsein.

Pfingsten 1939 durfte ich an einem Zeltlager irgendwo im Brandenburgischen teilnehmen. Das war für mich ein Erlebnis. Etwa 60 Jungen waren in großen, aus jeweils zwölf Zeltbahnen zusammengeknüpften Zelten untergebracht. Die Zelte bildeten einen Kreis, in dessen Mitte von uns ein Fahnenmast errichtet wurde. Wir entzündeten stattliche Lagerfeuer, an denen wir zur Klampfe Lieder sangen. Aus einer Gulaschkanone wurden wir mit warmem Essen, auch mit warmer Milch und Muckefuck (Malzkaffee) versorgt.

Es herrschte ein flottes Lagerleben. Entweder machten wir Geländespiele, die oft in einer Rauferei endeten, weil schließlich jeder siegen wollte, oder wir unternahmen ausgedehnte Märsche. Es gab einen Lagerzirkus, bei dem die Jüngeren als Artisten eine Menschenpyramide aufbauten. Und wenn zu viele Neugierige an unser Lager kamen, wurde das Lied angestimmt: „Wollen Sie bitte weitergehen und bilden Sie keine Haufen, sonst könnt's Ihnen dreckig gehen, dann fangen wir an zu raufen! – Dreißig, vierzig fürchten wir nicht, fünfzig, sechzig auch nicht, siebzig haben wir schon verhauen, achtzig werden wir auch verdauen!"

Leider verflog die Zeit viel zu schnell. Dann ging es wieder zur Schule, und da hatte ich ständig so meine Probleme. Ich mußte mich wirklich auf den Hosenboden setzen, um in der Klasse mitzuhalten. Das raubte mir natürlich meine Freizeit, die ich so gerne genossen hätte. Doch ich hatte ein Ziel vor Augen. Im Sommer sollte es wieder in ein Zeltlager gehen, und zwar für mehrere Wochen an die Masurischen Seen. Allerdings hatten wir – auch Heiko wollte mit in dieses Lager – die Rechnung ohne unseren Vater gemacht. Der hatte ganz andere Pläne, und da war jede Widerrede zwecklos.

Unser Vater wollte mit seinen beiden Söhnen eine Wanderung um die Insel Rügen machen. Da sollte es zünftig zugehen, also mit Rucksack oder Tornister und mit Zelt. Dafür wurde nun alles vorbereitet und das Fehlende noch angeschafft. Ich sah dem Unternehmen mit gemischten Gefühlen entgegen. Aber was half's? Schließlich freundete ich mich mit dem Gedanken an diese Wanderung an. Die Vorbereitungen machten Spaß, zumal unser Vater sich die Zeit nahm, mit uns Karten zu wälzen und die Tour genau zu planen. Er fühlte sich wohl zurückversetzt in seine Zeit als Führer der Gildenschaft, einer studentischen Verbindung.

Als wir schließlich aufbrachen, waren wir hoch bepackt. Die Tornister, die aufgrund ihrer mit Fell bespannten Außenklappe auch „Affen" genannt wurden, waren pickepacke voll. Heiko trug oben drauf noch einen Aluminiumkochtopf, so daß er, von hinten betrachtet, kaum noch zu sehen war. Kein Wunder, daß einige amüsiert fragten: „Wo will denn der Affe mit Beene hin?"

Zunächst ging es per Eisenbahn nach Stralsund, wo mein Vater in den Jahren 1924 bis 1926 Chefredakteur vom „Stralsunder Tageblatt" war. Sein Nachfolger lud uns am Abend ein, jedoch übernachteten wir in einem Hotel. Am nächsten Tage besichtigten wir noch die neue Druckerei des Verlages und fuhren dann wieder mit der Bahn bis Bergen. Dort stiegen wir in eine Kleinbahn um, die uns über Putbus nach Binz an die Ostseeküste brachte. Diese Kleinbahn forderte Heiko und mich zu abfälligen Bemerkungen über ihre Größe und Schmalspurigkeit heraus. Das mißfiel unserem Vater sehr, der uns großstädtisches Gebaren vorwarf. Die Stimmung war ziemlich gereizt.

Dann begaben wir uns auf Schusters Rappen in nördliche Richtung. Über Neu-Mukran – hinter diesem Ort schlugen wir das erste Mal unser Zelt auf – wanderten wir nach Saßnitz. Im

Hafen herrschte reges Leben. Hier lagen die großen Fährschiffe, die nach Trelleborg in Schweden gingen und ganze Eisenbahnzüge schluckten, was uns sehr beeindruckte. Doch schon ging's weiter, durch die Stubbenkammer mit ihren Kreidefelsen und dem Königsstuhl. Wir Jungen kamen aus dem Staunen nicht heraus. Derartige Felsen hatten wir noch nie gesehen. Nicht nur deren Höhe, auch die Steile und die Zerklüftung waren für uns überwältigend.

Oberhalb der Felsen standen mächtige Buchenwälder. Da gab es Pilze, von denen unser Vater viel verstand. Und schon begann das Sammeln, wobei ich allerdings am wenigsten erfolgreich war. Immerhin brachten wir eine so beachtliche Menge zusammen, daß wir beschlossen, diese zum Abendessen zu braten. Bei Lohme wurde das Zelt aus drei Bahnen aufgebaut und ein zünftiges Feuer gemacht. Die Pilze schmeckten herrlich. Weniger angenehm war das anschließende Schrubben der Pfanne mit Sand. Aber Ordnung und Sauberkeit mußten sein. Wenn wir den Zeltplatz verließen, durfte dort auch nicht ein Fetzen Papier mehr liegen.

Zum Nachtisch gab es übrigens Backpflaumen. Mit den Kernen veranstalteten wir Wettspucken. Wir zogen im Sand einen Graben, in den wir hineinzielten. Jeder Treffer wurde mit einer zusätzlichen Pflaume belohnt. Da waren wir eifrigst dabei.

Wenn wir unterwegs waren, stimmte mein Vater immer wieder Lieder an, die wir allmählich auch lernten, so daß wir mitsingen konnten. „Musketier, seins lust'ge Brüder ...", „Die blauen Dragoner, sie reiten ...", „Ein Heller und ein Batzen ...", „Wildgänse rauschen durch die Nacht ..." und noch vieles andere wurde da geschmettert. Das erleichterte die Wanderschaft zwar etwas, aber dennoch drückte das mitgenommene Gepäck erheblich. Immerhin war die Länge der Marschrouten auf uns Jungen abgestimmt.

Die Zeltplatzsuche – damals durfte man noch, ohne zu fragen, überall im Freien zelten – gestaltete sich manchmal recht dramatisch. Bei Breege, kurz vor dem Kap Arkona, wollten wir unser Lager aufbauen, aber es hatte geregnet und der Strand war steinig. Nach langem Suchen fanden wir einen verlassenen Zeltplatz, auf dem die Vorgänger das Stroh hatten liegenlassen.

Wir räumten es beiseite und ergatterten so einen trockenen Platz. Da es aber schon spät war, konnten wir kein neues Stroh mehr besorgen. So mußten wir uns auf steinigem Grund betten. Die erwanderte Müdigkeit ließ uns dennoch schnell einschlafen.

In regelmäßigen Abständen wurde unser Zeltplatz sogar beleuchtet. Der Leuchtturm von Kap Arkona ließ das Licht auch über unseren Strandabschnitt gleiten. Erfreulicherweise stellte sich kein Dauerregen ein. Im großen und ganzen hatte wir doch Glück mit dem Wetter. Wir kochten fast immer draußen und wuschen uns in der Ostsee.

Weiter ging unsere Wanderung. Über Putgarten gelangten wir zum Kap Arkona und waren somit am nördlichsten Punkt der Insel. Dort besichtigten wir den Leuchtturm, und auch das wurde für uns Jungen zum Erlebnis. Dann wandten wir uns von der Küste ab und zogen über Putgarten, Wiek und Neuenkirchen nach Schaprode. Von dort aus setzten wir zur Insel Hiddensee über, und zwar nach Neuendorf.

Nicht weit von Neuendorf schlugen wir wieder unser Zelt auf, diesmal am Sandstrand und das für drei Tage. Hier konnten wir uns von den Strapazen der Wanderung erholen. Das Wetter war gut, so daß wir uns viel im Wasser vergnügten. Auf dem Zeltplatz freundeten wir uns mit einem Jungen an, der aus Sachsen stammte, was er allein schon wegen seiner Sprache nicht verleugnen konnte. Heiko und ich hatten unseren Spaß, wenn unser Spielkamerad sich eine „Dobbelbemme", eine Doppelstulle, wie der Berliner sagen würde, von seinen Eltern holen wollte.

Schließlich nahmen wir eine Fähre von Neuendorf nach Stralsund, um von dort mit der Eisenbahn nach Berlin zurückzufahren. Diese Reise, die für mich auch ihre Schattenseiten hatte, ist mir insgesamt trotzdem in guter Erinnerung geblieben. Allerdings trauerte ich noch lange Zeit dem entgangenen Zeltlager mit dem Jungvolk nach, zumal einige Kameraden dieses Ferienerlebnis in den schönsten Farben ausmalten.

Während dieser Zeit in Berlin gelang es mir, einen netten Freundeskreis um mich aufzubauen. Vor allen Dingen mit Klassenkameraden freundete ich mich an, aber auch mit Jungen, die ich häufig bei den Jungvolk-Veranstaltungen traf. Bei uns zu Hause herrschte ein reges Leben, schließlich waren wir drei Geschwister, aber ich hielt mich auch viel bei anderen Familien auf. Gestört wurde der Kreis dann durch die Kinderlandverschickung, wodurch ich viele Kontakte verlor. Doch an Einsamkeit habe ich nie gelitten.

Dreimal zur Kinderlandverschickung

Fliegeralarm war in Berlin schon 1940 keine Seltenheit. Immer wieder drangen britische Flugzeuge, meist Aufklärer, in den deutschen Luftraum ein. Sie flogen sehr hoch. Mit Flakfeuer wurde geantwortet, das war aber auch alles. Dies änderte sich, als nach dem beendeten Westfeldzug im August 1940 die bis Mai 1941 dauernde „Luftschlacht um England" begann, mit der die deutsche Invasion auf die britische Insel vorbereitet werden sollte. In der Nacht vom 24. auf den 25. August 1940 flog die deutsche Luftwaffe den ersten Angriff auf das Hafengebiet und Versorgungseinrichtungen im Raum um London. Dabei fielen Bomben auch auf das Stadtgebiet der britischen Hauptstadt.

Die Briten antworteten prompt. In der folgenden Nacht flog die Royal Air Force (RAF) ihren ersten Bombenangriff auf Berlin. Allerdings erreichten nur 29 der insgesamt 81 gestarteten Bombenflugzeuge die Reichshauptstadt. Sie warfen etwa 22 Tonnen Bomben auf die nördlichen Stadtbezirke Reinickendorf und Pankow sowie auf Lichtenberg. Der Schaden war gering.

In der Nacht zum 29. August 1940 durchbrachen britische Bomber erneut die deutsche Abwehr. Ein Regen von Brand- und Sprengbomben ging vor allen Dingen auf Keuzberg nieder. Zwölf Tote und 28 Verletzte waren zu beklagen. Als Vergeltungsschlag für die Angriffe auf Berlin bombardierten deutsche Flugzeuge am 7. September unter anderem auch das Stadtgebiet von London. War das der Beginn des Bombenterrors? In der Nacht vom 7. zum 8. Oktober flogen jedenfalls zwei RAF-Bomberverbände den bis dahin schwersten Angriff auf Berlin. 50 Tonnen Sprengbomben wurden auf das Stadtgebiet abgeworfen. Die Bilanz waren 25 Tote und 50 Verletzte. Weitere Angriffe folgten. Bis zum Jahresende 1940 forderten die britischen Luftangriffe auf Berlin 222 Tote und Verletzte.

Doch das war erst der Anfang. Es sollte sehr viel schlimmer kommen. Dabei hatte der Oberbefehlshaber der deutschen Luftwaffe, Hermann Göring, zu Beginn des Krieges über die Stärke seiner Truppe lauthals getönt, er wolle nicht mehr Göring, sondern Meier heißen, wenn es je einem feindlichen Flugzeug gelingen sollte, den deutschen Luftraum zu überfliegen. Er wurde schnell eines Besseren belehrt und hätte sich schon nach kurzer Zeit Meier nennen müssen. Was kümmerte ihn sein dummes Geschwätz von gestern!

Die häufigen Fliegeralarme störten insbesondere in den Nächten und sorgten dafür, daß der Unterricht an den Berliner Schulen immer unregelmäßiger wurde. Oft fiel er in den ersten Stunden, manchmal auch ganz aus. Das veranlaßte die Behörden, nach einem Ausweg zu suchen. Und dieser hieß Kinderlandverschickung, kurz als KLV, bösartig als Kinderlandverschleppung bezeichnet. Das schon vor Kriegsbeginn von der Volkswohlfahrt organisierte Angebot, erholungsbedürftige Großstadtkinder in Pflegestellen auf dem Lande zu vermitteln, wurde im Zuge der Ereignisse gänzlich umfunktioniert.

Ab Anfang Oktober 1940 lief im Rahmen der „Erweiterten Kinderlandverschickung“ die breitangelegte Evakuierung ganzer Schulklassen aus den von Bombenangriffen besonders betroffenen Großstädten und Industrieregionen in die ländlichen Gebiete Deutschlands an. Am 3. Oktober wurden die ersten 3000 Kinder aus Berlin und Hamburg in KLV-Lager geschickt. Die zu diesem Zeitpunkt auf Freiwilligkeit beruhende Verschickung durfte in offiziellen Verlautbarungen nicht als Evakuierung bezeichnet werden. Der Plan sah vor, möglichst alle Schüler einer Schule geschlossen in weniger bedrohte Gebiete zu verschicken, um dort den Unterricht unter wesentlich besseren Bedingungen fortzusetzen. Von den Vorbereitungen selbst bekamen wir Schüler eigentlich nicht viel mit.

Bei aller Freiwilligkeit war die Entscheidung für die Eltern, ihre Kinder im Rahmen der Aktion mitzuschicken, nicht leicht. Viele sahen in der Kinderlandverschickung nicht nur eine Sicherheitsmaßnahme, sondern werteten sie als einen Versuch des NS-Regimes, die Kinder ihren Eltern zu entziehen, um den Nachwuchs ideologisch zu infiltrieren.

Während NS-Funktionäre werbend auftraten und teilweise auch Druck auf die Eltern ausübten, wandten sich vor allem die Kirchen gegen diese Aktion. Sie forderten die Eltern auf, ihre Kinder zu Hause zu behalten, da die NS-Führung mit der Kinderlandverschickung bezwecke, Voraussetzungen für eine Erziehung der Kinder durch den Staat zu schaffen. Das mögen zwar Wunschvorstellungen nationalsozialistischer Funktionäre gewesen sein, das mag auch aus Verlautbarungen zur Kinderlandverschickung hervorgegangen sein, doch die Wirklichkeit sah anders aus.

Für viele Eltern wurde die Entscheidung auch dadurch beeinflußt, daß die zurückgehaltenen Kinder zwangsläufig aus ihren gut eingespielten Klassenverbänden gedrängt wurden. Die an der KLV nicht teilnehmenden Kinder mehrerer Schulen wurden zusammengefaßt und gemeinsam unterrichtet. Das wollten viele Eltern letztendlich nicht. So kam es trotz vielfältiger Gegenargumente doch zu einer recht großen Beteiligung.

Auf ins Erzgebirge

Im November 1940 schlug für die Schüler der Treitschkeoberschule aus Berlin-Wilmersdorf die Stunde. Mit dicken Koffern voller Kleidung, mit allen Schulsachen sollten wir uns auf ei-

Solche Fotos zufriedener Kinder waren dem NS-Regime, das die Kinderlandverschickung propagierte, genehm (rechts am Abteilfenster übrigens mein Bruder Heiko).

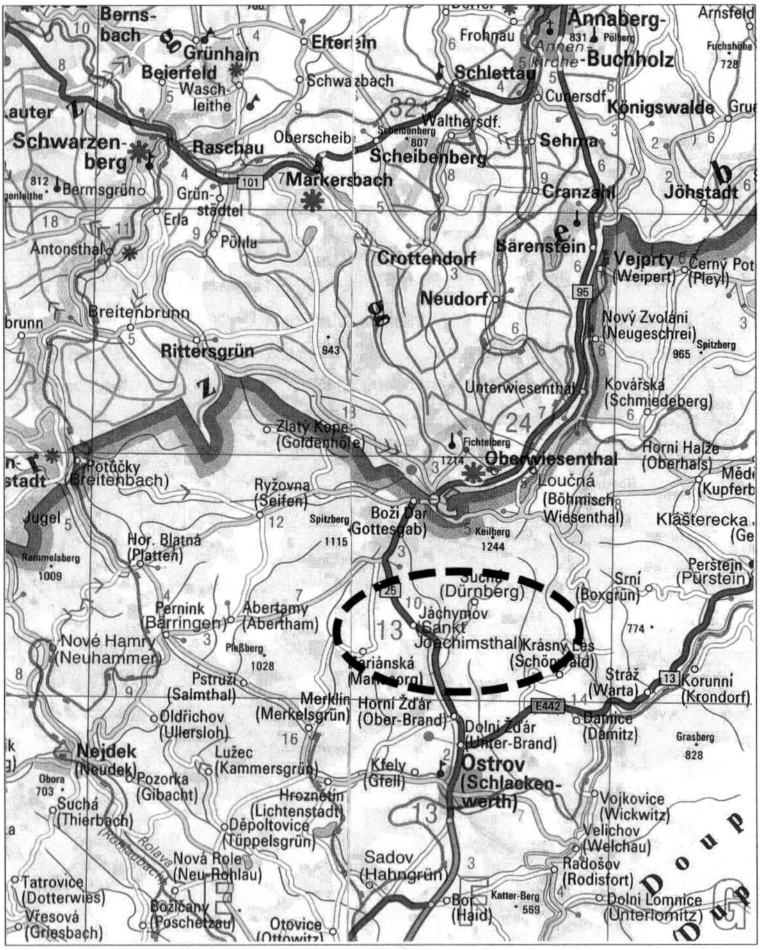

1940/41: St. Joachimsthal im Erzgebirge, im Sudetenland, (heute Jáchymov in der Tschechischen Republik).

nem der Berliner Bahnhöfe einfinden. Unsere Eltern begleiteten uns dorthin. Natürlich war auch mein Bruder Heiko, der eine Klasse unter mir die Treitschkeschule besuchte, mit von der Partie. Ich war damals zwölfeinhalb, mein Bruder elfeinviertel Jahre alt.

Es herrschte ein großes Gedränge auf dem Bahnsteig. Wir fanden im bereitgestellten Sonderzug ein Abteil, verstauten unsere Koffer und unsere Habe und drängten zum Fenster. Jetzt hieß es Abschied nehmen, nicht nur von Berlin, sondern auch von den Eltern. Da rollten etliche Tränen, die jedoch auf den veröffentlichten Fotos nicht gezeigt wurden. Das paßte nicht ins Bild der Propaganda. Gefragt waren fröhliche Kinder mit lachenden Gesichtern, und sie wurden auch gefunden. Für meinen Bruder und mich stand weniger der Abschied im Vordergrund, sondern vielmehr der Start zu einem großen Abenteuer.

Unser Ziel war St. Joachimsthal im Erzgebirge, das wir über Dresden, Teplitz-Schönau, Komotau und Schlackenwerth erreichten. Dort empfing uns, sehr zu unserer Freude, schon der Winter. Überall lag Schnee, der an den Straßenrändern hoch aufgeschaufelt worden war. Das Radiumbad St. Joachimsthal, in dem vor dem Kriege reger Kurbetrieb geherrscht hatte, verfügte neben dem Radium-Palast-Hotel über zahlreiche andere Hotels, in die wir nun eingewiesen wurden.

Die ältesten Jahrgänge kamen in das Hotel „Astoria" gegenüber dem Kurpark mit Städtischem Badehaus. Es lag an der Hauptstraße, die allerdings, sicherlich nicht zuletzt kriegsbedingt, wenig befahren wurde. Das Hotel, etwa um die Jahrhundertwende gebaut, war mit seinen vier Etagen ein ganz stattlicher Bau. Die reich verzierte Jugendstilfassade dokumentierte eine glanzvolle Epoche lebhaften Kurbetriebes. Da noch einige Zimmer frei waren, wurde auch ich dort untergebracht, und zwar gemeinsam mit Dietwart Winkler in einem Doppelzimmer, in dem die Betten hintereinander standen. Durch diese Entscheidung wurde ich aber bedauerlicherweise nicht nur von meinem Bruder Heiko, sondern auch von den meisten meiner Klassenkameraden getrennt, die in das Hotel „Weißer Hof" einzogen.

Unser Zimmer lag direkt über dem Hoteleingang im ersten Stock. Sicherlich waren wir gut untergebracht, doch Dietwart litt, im Gegensatz zu mir, schwer unter Heimweh. Sonst fühlten wir uns wohl, abgesehen von den strengen Auflagen, die für die Schonung des recht noblen Hotels sorgen sollten. So durften wir nur zu bestimmten Zeiten auf unsere Zimmer und waren gezwungen, uns viel in dem neben dem Hotel gelegenen Eßsaal aufzuhalten. Dort trafen wir auch mit den Kameraden zusammen, die in anderen Hotels untergebracht waren.

Die Mahlzeiten wurden stets gemeinsam eingenommen und meist durch einen Tischspruch eröffnet. Diese Sitte bot den „Dichtern“ unter uns viel Freiheit: „Und wenn sich Tisch’ und Bänke biegen, wir werden den Fraß schon runterkriegen!“ oder „Heute gibt es feine Erbsen, hei, was können wir dann ferzen!“ Danach dröhnte von allen Tischen ein kräftiges „Haut rein!“

Natürlich schmeckte die Küche anders als „bei Muttern“, schließlich waren wir im Erzgebirge. Da gab es manches Gericht, das wir überhaupt nicht kannten, „Kuddelfleck“ zum Beispiel, das aus dem Blättermagen von Rindern zubereitet wird. Besonders gut schmeckten die uns von Haus aus unbekannten Buchteln, ein Hefegebäck, das mit Vanillesoße übergossen wur-

Das Radiumbad St. Joachimsthal im Erzgebirge war für die Schüler der Treitschkeschule das erste Ziel der Kinderlandverschickung.

de. Davon konnten wir nicht genug bekommen. Satt wurden wir immer, auch wenn nicht alles nach jedermanns Geschmack war.

Zunächst aber beeindruckte uns die Bergwelt, in die man uns verpflanzt hatte. St. Joachimsthal liegt in einem langgestreckten Tal, von dem einige Nebentäler abgehen. Wir wohnten am unteren Ende, wo weiter in Richtung auf Schlackenwerth und Karlsbad nur noch das Radium-Palast-Hotel lag, ein gewaltiger, beeindruckender Bau, der damals aber nur teilweise genutzt wurde. Die Häuser in St. Joachimsthal standen fast alle am Rande des Tales, das sich zum oberen Ende hin verengte. Einige Straßen querten die Hänge. Die Kirche lag weit oben mitten im Ort. Jeder Schüler bekam eine Pflegemutter zugewiesen, die für ihn die Kleiderpflege, also Waschen, Stopfen und Flicken übernahm. Viele Einwohnerinnen hatten sich dazu freiwillig gemeldet. Mich betreute eine Frau Rauscher, die selbst drei kleinere Kinder hatte. Sie war eine gutherzige Frau, die mir hin und wieder etwas zum Naschen zusteckte. Ihr Mann war an der Front, und sie verdiente durch Heimarbeit etwas hinzu. Sie vernähte die Fingerspitzen von vorgefertigten Lederhandschuhen, die ihr regelmäßig von einem Fabrikanten gebracht wurden. Sie konnte auch klöppeln, wobei ich ihr manchmal zusah. Allwöchentlich machte ich mich auf ins Oberdorf, was mich als ein Kind aus dem Flachland, besonders in der ersten Zeit, einige Überwindung kostete.

Der Unterricht fand größtenteils in der Schule von St. Joachimsthal statt. Da aber auch die heimischen Kinder dort unterrichtet wurden, gingen wir meist erst am Nachmittag zur Schule. Das war der sogenannte Schichtunterricht. Von Berlin waren zahlreiche Lehrer mit ins Erzgebirge gekommen, allen voran Dr. Johannes Brücken, zugleich Leiter unseres KLV-Lagers. Wegen seiner gedrungenen Gestalt und seiner auf Bluthochdruck hinweisenden Röte verpaßten wir ihm den Spitznamen „Bully“. Er führte stets die Aufsicht und bewohnte ein Zimmer im Hotel Astoria. Bei Dr. Brücken hatte ich Latein, das mir von Beginn an, schon seit der Quarta, sehr schwerfiel.

Wir wurden also nicht von „eigens eingestellten Lehrern betreut, die vielerorts den Unterrichtsschwerpunkt auf die Wehrerziehung legten“, sondern von Lehrern, die seit längerem an unserer Schule unterrichteten. Nicht selten treffe ich auf die Feststellung, der Schulunterricht und damit die intellektuelle Ausbildung sei in den KLV-Lagern immer weiter eingeschränkt worden, vor allem da nicht mehr genügend kompetente Lehrkräfte zur Verfügung standen. Dies kann ich nicht bestätigen. Nach Überwindung gewisser Anlaufschwierigkeiten ging der Unterricht wie gewohnt weiter und litt zudem nicht mehr unter den Folgen unzähliger Fliegeralarme.

Die Leitung unseres Lager oblag nicht der HJ. Sie wirkte unter Fähnleinführer Gustel Kovac und seinem Assistenten Fritz Butzke zwar mit, indem sie Veranstaltungen wie gemeinsame Wanderungen, Geländespiele und Heimatabende organisierte, wie wir es von Berlin her kannten, mehr aber auch nicht. Weder lag unsere Erziehung allgemein in den Händen der HJ, wie oft

Dr. Johannes Brücken, unser Lagerleiter in St. Joachimsthal, dem wir den Spitznamen Bully gaben, beim Unterricht.

behauptet wird, noch beschränkte sie sich im wesentlichen auf eine Charakterschulung im Sinne des Nationalsozialismus. Ebenso wenig entspricht es den Tatsachen, daß bereits die 10- bis 14jährigen Jungen täglich an paramilitärischen Übungen teilnehmen mußten. Keinesfalls wurde der Tagesablauf von HJ-Führern geplant und beaufsichtigt. Es gab, wie sich noch zeigen wird, hinreichend Zeit für eine persönliche Freizeitgestaltung.

Doch zurück zu unseren Lehrern. Ich erinnere mich noch an unseren Zeichenlehrer Bernhard Krone, einen älteren Herrn mit näselnder Sprache und ausgeprägtem „Witwerbuckel". Er wohnte mit einer anderen Gruppe aus unserer Schule hoch am Berge im Feuerwehrheim und wurde von uns gern gehänselt, zumal er dazu auch Anlässe bot. So kaufte er sich als erstes Steigeisen, die er unter seine Schuhe schnallte, wenn er aus dem Tal zu seinem Quartier hochstieg.

Bei Tageslicht verbrachten wir unsere Freizeit, die für uns durch Schularbeitszeiten viel zu oft beschnitten wurde, vor allen Dingen draußen. Der Schnee wurde unser Element. Ich lernte Skifahren, brachte es aber nicht zu Meisterehren. Unsere Ski-Ausrüstung war ziemlich primitiv. Nur einige Kameraden, die mit ihren Eltern schon öfter in den Wintersport gefahren waren, hatten gute Ski, zum Teil sogar mit Kandaharbindung. Wir besaßen damals keine besonderen Schuhe zum Skifahren. Unsere Winterschuhe hatten lediglich vorne, rechts und links an den Sohlen, einen metallenen Schutz.

Aber es boten sich genügend andere Vergnügen im Schnee. Da wurden in Schneewehen Höhlen gebaut und mit Heu ausgepolstert. Es gab lange Schützengräben, in denen wir Krieg spielten. Schließlich hatten wir nun schon das zweite Kriegsjahr. Wir machten harte Schneeballschlachten, bei denen es manchmal ziemlich derb zuging. Besonders aufregend war es, wenn recht nasser Neuschnee gefallen war. Dann zogen wir hoch an die Hänge und ließen aus kleinen Schneebällen beachtliche Kolosse werden, die zu Tal rollten. Wir lösten Lawinen im Kleinformat aus. Sicherlich war das nicht immer ungefährlich, aber Spaß hat es doch gemacht.

Für dieses fröhliche Treiben nahmen wir Nässe und Kälte gern in Kauf. In völlig durchnäßten Kleidern und Schuhen fro-

ren wir zum Teil erheblich, lernten aber sehr schnell, in Kutschermanier die Hände wieder warm zu bekommen, indem wir sie uns um die Rippen schlugen oder schwungvoll kreisen ließen. Ganz ohne Folgen blieben diese Winterfreuden jedoch nicht. Viele von uns, so auch ich, holten sich Frostbeulen an den Zehen, die mit Ochsengalle behandelt wurden.
Manchmal unternahmen wir Ski-Ausflüge. Der Keilberg, mit immerhin 1244 Metern die höchste Erhebung des Erzgebirges, lag nahe dabei. Hier kamen die besten Skiläufer auf ihre Kosten. Die anderen, zu denen auch ich gehörte, begnügten sich mit Schlittentouren, bei denen oftmals fünf, sechs und mehr Schlitten aneinandergehängt wurden.

Einige von uns besaßen sogar einen Bob, mit dem man die tollsten Fahrten machen konnte. Zwar hatten Schneepflüge die Straßen geräumt, aber immer bedeckte eine Eisschicht die Fahrbahn. Und das war ideal für den Bob. Wir zogen ihn hoch bis zur Kirche, und dann ging's im Karacho hinab, vorbei am Hotel Astoria und am Radium-Palast-Hotel in Richtung Schlackenwerth, das bei guten Bedingungen sogar erreicht wurde. Der Rückweg dann war hart, denn die Strecke war lang. Manchmal kamen wir auch mit dem Bus zurück, den Bob oben auf dem Dach, das stets einen Gepäckträger hatte.

Doch das Winterhalbjahr mit seinen kurzen Tagen hatte durchaus auch Schattenseiten. Da wir nur zu bestimmten Zeiten in unsere Hotelzimmer durften, waren wir oft gezwungen, längere Zeit in unserem Eß- und Aufenthaltssaal zu verbringen. Dort war es alles andere als gemütlich. Aus Langeweile spielten wir in der ersten Zeit „Mensch, ärgere dich nicht“, Dame, Mühle, Halma, aber auch „17 und 4“ und Skat. Letzteres lernte ich hier, reizte anfangs, ohne das Spiel zu verstehen, blindlings mit und machte so manche Bauchlandung. Nach und nach lernte ich die Regeln kennen, bis es dann klappte.

Oft plärrte ein Grammophon die Schlager der damaligen Zeit. Swing und Hot waren groß in Mode. Mit dem Eßbesteck wurde der Rhythmus auf den Tischen mitgespielt. Wir nannten es „hotten“. Hin und wieder sangen wir Lieder, die deutlich unsere Stimmung verrieten. „Stumpfsinn, Stumpfsinn, oh mein Vergnügen, Stumpfsinn, Stumpfsinn, oh meine Lust, gäb's keinen

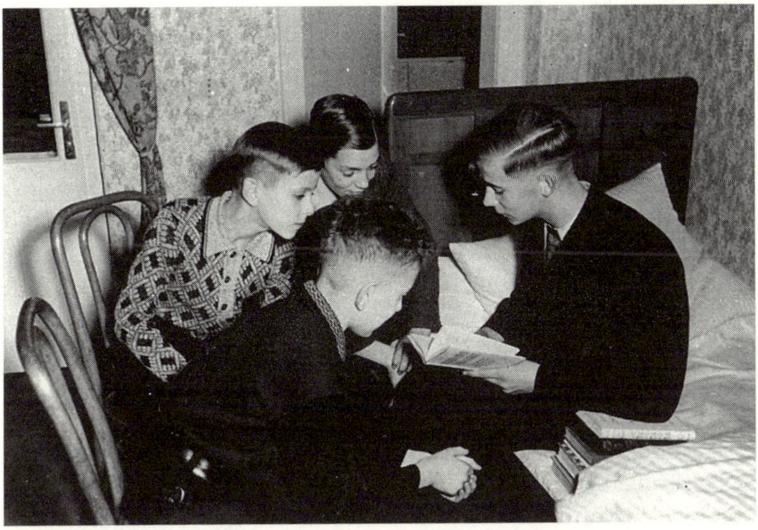

Nur zu bestimmten Zeiten durften wir in unsere Hotelzimmer. So sollte für die Schonung unserer doch recht noblen Unterkunft gesorgt werden. Das behagte uns gar nicht. Doch was sollte es?

Stumpfsinn, gäb's kein Vergnügen, gäb's keinen Stumpfsinn, gäb's keine Lust!" stand hoch im Kurs.

Wenn ich mich recht erinnere, wurden wir, wenn vorher keine Notwendigkeit bestand, uns umzuziehen, erst gegen 19.30 Uhr auf unsere Zimmer gelassen. Um 21.00 Uhr war dann „Zapfenstreich", und überall mußte das Licht ausgemacht werden. Das war für die Leseratten eine ganz bittere Pille. Doch wir behalfen uns mit Taschenlampen, die unter der Bettdecke ihre Dienste taten. Diese Tarnung war freilich erforderlich, denn Dr. Brücken zog, selbst mit einer Taschenlampe bewaffnet, allabendlich seine Runde und kontrollierte, ob seine Schäfchen auch alle im Bett waren. Dabei hatte er meist einen dunklen Mantel an und den ebenfalls dunklen Hut tief ins Gesicht gezogen.

Diese ständigen Kontrollen gefielen uns ganz und gar nicht. Deshalb installierten wir im ganzen Hause von Zimmer zu Zimmer ein Warnsystem. Sobald unser „Hausgeist" erschien, wurde mit der Morsetaste die ganze Mannschaft informiert. So hatten wir Zeit, uns auf die Kontrolle vorzubereiten, alle Taschenlampen zu löschen und die Bücher verschwinden zu lassen. Das klappte auch ganz vorzüglich, bis eines Tages – Gott sei Dank erst nach Monaten – Dr. Brücken über ein losgetretenes Kabel stolperte und nun das ganze System aufrollte. Es wurde aber später von uns wieder installiert, allerdings etwas geschickter.

Wir hatten einige technisch begabte Jungen unter uns – ich zählte dazu nicht –, die für jedes Zimmer ein Detektor-Radio mit Kopfhörern bastelten. So konnten wir bis spät in die Nacht hinein Rundfunk hören, was wir eifrig nutzten. Damit stuften wir unsere Zimmer, die im übrigen lediglich über ein Waschbekken verfügten, sozusagen in eine höhere Klasse ein. Die Toiletten waren auf dem Flur, zum Duschen zogen wir wöchentlich in ein öffentliches Bad.

Weihnachten 1940 verlebten wir in St. Joachimsthal. Im Eßsaal stand ein großer mit Lametta geschmückter Baum. Es wurden Lieder gesungen. Jeder bekam einen bunten Teller, und dann durften wir die eingetroffenen Pakete öffnen. Das gab ein heilloses Durcheinander. Der Lärm dürfte wohl kaum zu überbieten gewesen sein. Und das in der Stillen Nacht. Zu diesem Weihnachtsfest hatten Heiko und ich von uns ein Foto machen lassen, ganz offiziell, also nicht mit der Box, sondern beim Fotografen. Erst gingen wir zum Friseur, der mit Pomade nicht sparte, und dann vor die Kamera, natürlich in Sonntagskleidung. Das war unser Geschenk für unsere Eltern.

Anfang März – es lag noch viel Schnee – kamen unsere Eltern zu Besuch nach St. Joachimsthal. Derartige Besuche wurden von der Lagerleitung gar nicht so gerne gesehen, befürchtete man doch eine Heimwehwelle unter den Mitschülern. Aber unsere Eltern blieben nur wenige Tage. Wir wurden verwöhnt, da man uns von vielen Dingen freistellte. Dies war aber auch der einzige Besuch, den wir in den doch immerhin zehn Monaten unseres Aufenthalts in diesem KLV-Lager erhielten. Eine recht lange Zeit der Trennung von den Eltern, wenn man bedenkt, daß wir erst zwölf bzw. 13 Jahre alt waren.

An einigen Winterabenden hielt es uns auch nach dem Zapfenstreich nicht im Bett. Heimlich, still und leise schlichen wir aus dem Haus, holten unsere Skier und ab ging's. Solche nächtlichen Ausrisse waren besonders bei klarem Mondschein be-

Ein gemeinsames „offizielles“ Foto von meinem Bruder Heiko und mir war unser Geschenk für die Eltern zur Kriegsweihnacht 1940.

liebt. Was tobten wir dann im Schnee! Im Kurpark selbst, wo wir unentwegt gewaltige Schneemänner aufbauten, hatten wir aus Schnee eine kleine Sprungschanze gebaut und versuchten uns im Skisprung. Peinlich wurde es nur, wenn einer mit dem einen Ski auf die Schanze fuhr, mit dem anderen aber danebenblieb.

Eines Nachts fanden wir auf der Straße einen toten schwarzen Kater. Die Älteren hatten sofort eine äußerst makabere Idee. Sie banden der toten Katze eine Schnur um den Schwanz und hängten sie auf diese Art und Weise an die Tür des Zimmers von Dr. Brücken, also des Lagerleiters. Dazu kam ein Schild: „Und wirst Du nicht ein besserer Vater, so geht es Dir wie diesem Kater!“ Das ging nun doch ein gutes Stück zu weit und zog eine lange Untersuchung nach sich. Als sich dann aber herausstellte, daß der Urheber Sproß eines hohen Parteibonzen war, verlief die ganze Sache im Sande. Dieser Unfug war wohl einer der recht seltenen Ausrutscher, die überall mal vorkommen, insbesondere, wenn die Jugend weitgehend sich selbst überlassen wird. Unsere Lagerführung hatte sonst wirklich gute Einfälle. So organisierte sie für St. Joachimsthal einen Bunten Abend, zu dem die Bevölkerung als Dank für die Betreuung eingeladen wurde. Das erforderte viel Arbeit. Ein Programm mußte aufgestellt und eingeübt, ein Saal im Ort angemietet und die Bühne gestaltet werden. Plakate wurden entworfen, gedruckt und schließlich aufgehängt, Karten verkauft und noch vieles mehr. Das beschäftigte uns lange.

Unserem Ideenspektrum waren keine Grenzen gesetzt. Es wurden zahlreiche Sketche eingeübt. Natürlich nahmen wir auch das allsonntäglich für die Frontsoldaten vom Rundfunk ausgestrahlte Wunschkonzert in unser Programm auf. Allerdings spielte unser Orchester auf Kämmen, über die Pergamentpapier gespannt war. Unser Dirigent, Bodo Seiffert, trug sogar einen Frack. „Kornblumenblau“, „Heimat, deine Sterne“ und vieles andere wurde gespielt. Auch „Erika“ durfte dabei nicht fehlen.

Jochen Rietenbach spielte auf dem Schifferklavier. Alexander Welbat versuchte sich als Jongleur, der nach kunstvollem Hin und Her auf langer Besenstange ein Tablett mit einer Flasche und sechs Gläsern beim Abgang über die Schulter hängte. Alles war fest montiert, aber gerade das machte Eindruck und brachte viel Beifall. Ein anderer trat als Zauberkünstler auf und gaukelte den Zuschauern ganz gehörig was vor.

Eine originelle Szene spielte am Abgang zu einer U-Bahn-Station, aus dem der eine Gesprächspartner immer wieder nach oben kam. In Wirklichkeit fand alles auf dem ebenen Bühnenboden statt. Der Künstler vermittelte die Illusion durch gekonntes stufenweises Abknicken der Beine bei aufrechtem Oberkörper. Er heimste viel Beifall ein, worüber wir uns alle freuten.

Ein Bunter Abend verdiente seinen Namen nicht, träte nicht ein Bänkelsänger auf – schön geschmückt mit einer „Bombe“ auf dem Kopf, einem steifen, schwarzen britischen Börsianer-Hut. Er trug die gar schaurige Geschichte von Sabinchen, dem tugendhaften Frauenzimmer, vor, das durch einen Schuster aus Treuenbrietzen ins Unglück gestürzt wurde. Dazu verwies der Sänger das werte Publikum auf die bildliche Darstellung der Moritat auf einem Transparent, das von künstlerisch begabten Mitschülern bemalt worden war. Dramatisch spritzte da das Blut zum Himmel. Doch der böse Schuster landete schließlich in ei-

Mit diesem Plakat warben wir für unseren Bunten Abend, der sehr schnell ausverkauft war. So wurde er noch zweimal wiederholt.

nem finsteren Kellerloch, in dem er bei Wasser und Brot für seine Missetat büßen mußte.

Im Rahmen des Wunschkonzertes wurde in gewissen Abständen auch die Ankunft von Kindern verkündet. Johlenden Applaus löste die Mitteilung aus: „Heut' ist der Storch gar nicht zu schlagen, da liegen drei im Kinderwagen! Drillinge für den Schreibstubengefreiten Johannes Brücken."
Der Bunte Abend kam bei der Bevölkerung von St. Joachimsthal so gut an, daß wir ihn noch zweimal wiederholten. Das war ein großartiger Erfolg für die Lagerleitung und somit für die ganze Mannschaft.

Umgekehrt bot der Ort in einigen Fällen aber auch uns etwas. Ich erinnere mich an ein Konzert, das im großen Saal des Radium-Palast-Hotels gegeben wurde, bei dem unter anderem das Forellenquintett und der Militärmarsch von Franz Schubert gespielt wurden. Wir hatten uns in „Sonntagsschale" geworfen und kamen uns ganz groß vor.

Dann ist mir noch der Besuch im Radiuminstitut des Bergwerkes in St. Joachimsthal im Gedächtnis. Da wurden uns unter anderem Geigerzähler gezeigt, die munter tickten und tüchtig auf Touren kamen, wenn man sie der im Bergwerk gewonnenen Pechblende näherte. Beiläufig bemerkte der Vortragende, die hier tätigen Bergleute würden wegen der Strahlung des Staubes selten älter als 35 Jahre, was aber in Bergmannsfamilien normal sei. Er erzählte sogar, die Einheimischen verwendeten bei Kopf- und anderen Schmerzen Uran-Pechblende zum Auflegen. So sorglos ging man damals mit radioaktivem Material um.

Gegen Ende April wich der Schnee zurück. Die Wiesen kamen hervor, unzählige Schlüsselblumen blühten. Es war endlich Frühling. Und dieser steigerte unseren Tatendrang. Wir machten lange Wanderungen und entdeckten die Umgebung. Ziele waren zum Beispiel Pfaffengrün und Gottesgab. Doch meist zwang uns Zeitmangel zu kürzeren Unternehmungen. So wurde die nähere Umgebung unsicher gemacht.

Und das im wahrsten Sinne des Wortes. Wir stiegen auf die Höhen und beförderten Steine den Hang hinunter, was ja nicht ganz ungefährlich war. Hart getroffen hat es einmal meinen Klassenkameraden Gerhard Ritscher, dem ein Felsbrocken über ein Bein rollte. Wir mußten ihn heimwärts tragen, wo er gleich von einem Arzt in Obhut genommen wurde. Gebrochen war nichts, aber er hatte recht tiefe Fleischwunden, die genäht und geklammert werden mußten. Er hat's überwunden, wenn auch deutliche Narben zurückblieben.

Die größte Entdeckung, die wir machten, waren die alten Stollen der früher für St. Joachimsthal so bedeutenden Silberbergwerke. Schließlich hat der Ort dem „Silbernen Thaler" seinen Namen gegeben. An einer Stelle am Hang war ein Stollen eingestürzt und hatte so einen Eingang zum weitverzweigten Stollensystem freigegeben. Und dieser „Trichterstollen" zog uns alle magisch an.

Nach ersten zaghaften Erkundungsexpeditionen wagten wir uns immer tiefer in die Stollen hinein. Es war schon unheimlich. Der Stollenboden war naß und glitschig. Da lagen halbvermoderte Bahnschwellen, zum Teil auch alte Schienen. Von der Decke her tropfte es ständig, und in einigen Gängen hingen hoch oben Fledermäuse. Wir waren mit Taschenlampen ausgerüstet und entdeckten immer neue Gänge. Die Suche nach einem anderen Ein- bzw. Ausgang trieb uns voran. Wir sahen zwar mal Licht hereinschimmern, mußten aber jedesmal zum Trichter zurück.

Bei diesen Abenteuern wurden wir immer waghalsiger. Bald fanden wir heraus, daß unter den von uns begangenen Stollen weitere Gänge lagen, die aber vollständig unter Wasser standen. Als wir auf den abgesoffenen Schacht stießen, der nach unten führte, wurde er glücklicherweise frühzeitig erkannt, so daß keiner hineinfiel. Aber unsere Neugier ließ uns keine Ruhe, wir wollten wissen, was da unten los war. So machten wir eine Taschenlampe wasserfest, indem wir sie mit Wachs übergossen, denn Taucherlampen hatten wir nicht. An einem langen Strick ließen wir die Lampe nach unten, konnten jedoch kaum etwas erkennen.

Natürlich waren diese Ausflüge in die Unterwelt stets eine schmutzige Angelegenheit. Mitunter sahen wir aus wie die Erdferkel. Zwar bemühten wir uns, den Dreck einigermaßen loszuwerden, indem wir die Sachen und auch die Schuhe in Bächen wuschen, dennoch bekamen unsere Wäsche-Betreuerinnen viel Arbeit. Sie waren manches Mal entsetzt über so viel Schmutz, aber unsere Unternehmungen mußten unbedingt geheim bleiben. Nur gut, daß unser Lagerleiter nichts davon erfuhr. Unsere Eltern hätten mit Sicherheit die Hände über dem Kopf zusammengeschlagen.

Im übrigen nutzten wir auch in der schneefreien Zeit die freie Straße für zünftige Fahrten mit Bollerwagen. Einer saß vorne und steuerte das Gefährt mit den Beinen, die er rechts und links der Deichsel hielt. Wenn es am Hotel Astoria vorbeiging, lagen alle Mitfahrer flach im Wagen. Wir wollten nicht erkannt werden, denn Dr. Brücken konnte diese Fahrten von seinem Zimmer aus beobachten.

Erwähnen möchte ich noch die unsinnigen Mutproben, zu denen einige Schulkameraden immer wieder herausforderten. Ich hielt mich da ziemlich raus, kam aber nicht umhin, so manches mitmachen, was mir nicht behagte. Am Bahnhof von St. Joachimsthal gab es, um ein Beispiel zu nennen, eine etwa drei Meter hohe Mauer, von der jeder herunterspringen mußte, wollte er nicht als Feigling angesehen werden. Das wollte ich natürlich nicht, und so sprang ich, nachdem ich das Geländer überklettert hatte, auch hinunter. Dabei schlug ich mit dem Kinn auf meine Knie und hörte die Engel im Himmel singen, zumal ich meine Zunge zwischen den Zähnen hatte. Zwar blutete es schrecklich, aber es heilte alles sehr schnell.

Während der Zeit in St. Joachimsthal hatte ich zu meinen Klassenkameraden, abgesehen von denen, die mit mir im Hotel Astoria wohnten, nur lockereren Kontakt. Die meisten hausten im Weißen Hof, der gar nicht so weit entfernt war, aber die Be-

Oft zog die ganze Mannschaft unseres KLV-Lagers durch die herrliche Landschaft des Erzgebirges.

legschaften der einzelnen Hotels bildeten stets einen Club für sich. Aus diesem Grunde hatte ich mehr Kontakt zu den Schülern der Klasse über uns. Dietwart Winkler und ich mußten eines Tages umziehen, und zwar in die Dependance des Hotels Astoria, die hinter dem eigentlichen Hotelgebäude am Berg lag und von der vierten Etage über einen Gang erreichbar war. Uns störte das herzlich wenig.

Der Sportplatz von St. Joachimsthal, den wir oft für den Turnunterricht benutzten, lag in einem Seitental, das ziemlich schmal und bis zum Grund mit hohen Tannen bestanden war. Dahinter befand sich ein größerer Teich, dessen Wasser stets kalt war, selbst mitten im Sommer. So sind wir darin nur wenig geschwommen. Viel bedeutsamer war der Teich für uns als Versuchsbekken für selbstgebastelte Schiffe. Da hatten wir wirkliche Meister unter uns. Meist handelte es sich um Segelschiffe, die nach Modellbögen gebaut wurden. Einige aber konnten mit tollen Motorbooten aufwarten.

Unvergeßlich geblieben ist mir ein Besuch in Karlsbad, den wir an einem herrlichen, aber sehr heißen Sommertag 1941 machten. Nach einer Stadtbesichtigung wurden uns zwei Stunden Freizeit gewährt. Mein Bruder Heiko, Friedhelm Lübke und ich beschlossen, mit der Zahnradbahn auf den Schloßberg zu fahren, um von oben einen Rundumblick auf die Stadt zu werfen. Ruckzuck waren wir an der Talstation, bestiegen die Bahn, und im Nu waren wir auf der Höhe. Wir haben den Ausblick ausgiebig genossen.

Die Höhenstation war im Grunde genommen ein riesiges Lokal, in dem fast alle Plätze mit anscheinend wohlsituierten Damen und Herren besetzt waren, darunter zahlreiche Offiziere. Alle Blicke – so meinten wir jedenfalls – richteten sich auf uns. Wir fanden einen freien Tisch, und sofort eilte ein Ober herbei und übergab uns die Speisekarte. Waren das Preise! Wir wollten uns aber nicht geschlagen geben, und so legten wir unser Geld zusammen. Es reichte gerade für eine Karlsbader Oblate, die wir uns teilten. Wir hatten den Eindruck, daß sich alle um uns herumsitzenden Gäste über uns köstlich amüsierten. Aber niemand konnte uns die Freude an unserem „Privatunternehmen“ verderben.

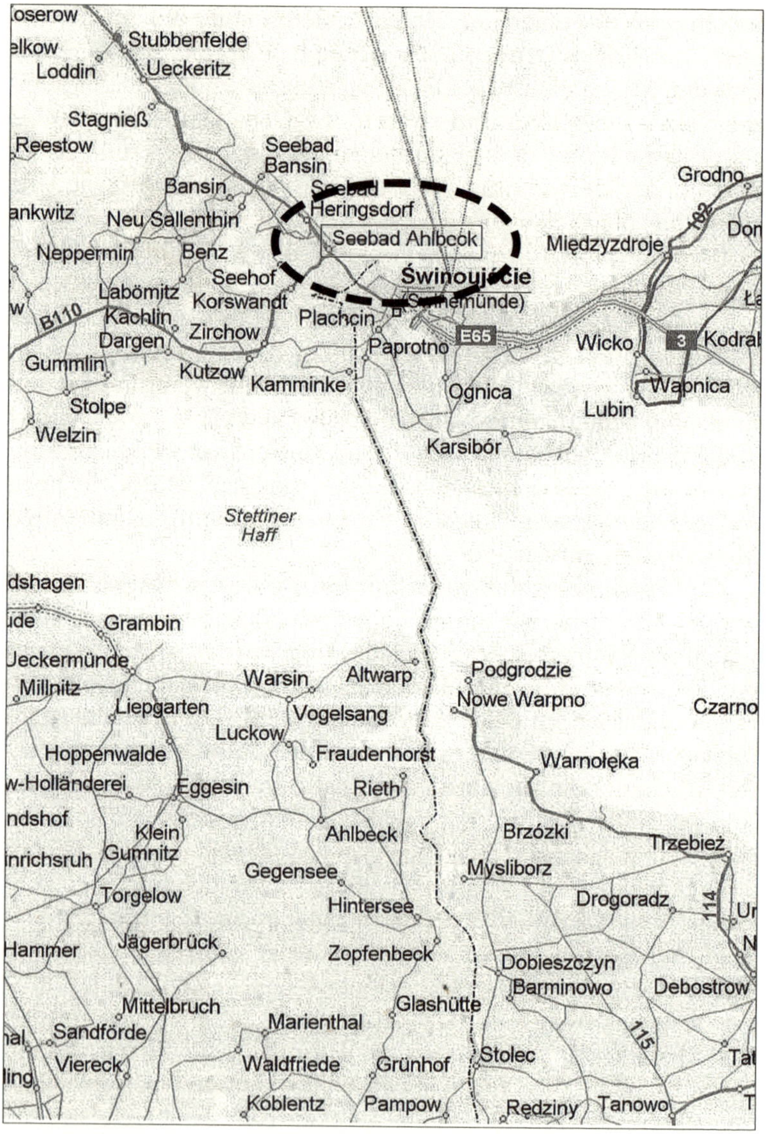

1942: Kinderlandverschickung nach Ahlbeck auf Usedom.

Erst im September 1941, nach zehnmonatigem Aufenthalt in St. Joachimsthal, kehrten wir nach Berlin zurück. Doch sollte diese Verschickung nicht die einzige ihrer Art bleiben.

„Sommerfrische" in Ahlbeck

Auch im Winterhalbjahr 1941/42 beruhigte sich die Lage in Berlin nicht. Es gab häufig Fliegeralarm, wodurch der Unterricht empfindlich gestört wurde, und bereits im frühen Frühjahr 1942 begannen Überlegungen, die Schüler der Treitschke-Oberschule erneut in ruhigere Gegenden zu verschicken. Doch offensichtlich gingen die Auffassungen der Eltern diesmal auseinander. Viele wollten, da sich Bombenabwürfe in Grenzen hielten, ihre Kinder lieber zu Hause behalten. So konnte die Schule nicht, wie beim ersten Mal nach St. Joachimsthal, weitgehend geschlossen auf die Reise gehen. Andere Eltern, und dazu zählten auch unsere, stellten die Sicherheit ihrer Kinder obenan. Man suchte nach Auswegen und fand diese auch.

Um ein neues Kinderlandverschickungslager bilden zu können, mußte eine bestimmte Anzahl von Kindern für jeweils einen Klassenverband zusammenkommen. Dies wurde erreicht, indem Schüler mehrerer Oberschulen zusammengelegt wurden. Das dauerte seine Zeit. Schließlich wurden Treitschke- mit Fich-

Im Ostseebad Ahlbeck auf Usedom waren wir in der Strandpension „Haus Margarethe" untergebracht. Hier vier der fünf von Stube 8.

te-Schülern vereint – das Fichte-Gymnasium lag ebenfalls in Berlin-Wilmersdorf. Im Mai 1942 konnte es endlich losgehen. Ziel war diesmal die Ostseeinsel Usedom. Mit der Bahn ging es nach Stettin, das uns mit seinen Hafenanlagen beeindruckte. Dort kletterten wir auf ein Schiff, das uns nach Swinemünde brachte. Die Fahrt über das Stettiner Haff war für uns Landratten ein schönes Erlebnis, zumal es das Wetter gut mit uns meinte. Keiner brauchte Seekrankheit zu befürchten. Das hob die Stimmung. Von Swinemünde aus wurden wir mit einem Bus ins Ostseebad Ahlbeck befördert. Hier war der Standort für unser KLV-Lager.

Gemeinsam mit meinem Bruder Heiko landete ich im „Haus Margarethe", einer wohl um die Jahrhundertwende gebauten Pension. Ganz in Weiß gehalten, direkt an der Dünenstraße gelegen, hinter der sich die Strandpromenade befand, wirkte sie ein wenig protzig. Wir brauchten wirklich nur über die Dünenstraße und die Promenade zu laufen, und schon waren wir in den Dünen. Den Strand in unmittelbarer Nähe, das war was für uns! Schon am ersten Tage ging's ans Wasser. Doch mehr als die Füße setzte keiner hinein, denn das Wetter war kühl geworden und das Ostseewasser erbärmlich kalt.

Zu den fünf Jungen, die in das Zimmer Nr. 8 eingewiesen wurden, gehörten neben mir und meinem Bruder Frans van Moll, ein Holländer, dessen Vater in Berlin arbeitete, Dietwart Winkler, mit dem ich schon in St. Joachimsthal zusammengewohnt hatte, und Wiegand Dittmann, ein in unseren Augen weichlicher Mitschüler, der sich aber durch gekonntes Pfeifen auszeichnete. Wir rauften uns in den Monaten unseres Ahlbeck-Aufenthalts gut zusammen.

Unser Zimmer, das in der ersten Etage lag, war recht groß, hatte aber – nach heutigen Maßstäben – keinen Komfort. Zwar gab es ein Waschbecken im Zimmer, aber die Toilette, die auch von anderen benutzt wurde, lag auf halber Höhe im Treppenhaus. Ein großes Plus sahen wir darin, daß unser Zimmer Ostseeblick hatte. Eine verglaste Veranda war hauptsächlich unser Aufenthaltsraum. Da standen neben einem Sofa Gartenmöbel, die von uns gerne genutzt wurden, wenn das Wetter nicht so günstig war.

Als Lagerleiter fungierte Oberstudienrat Ferdinand Schubert, der von der Fichte-Schule kam und uns viel Freiheit ließ, um – so meinten wir – Ruhe und Frieden zu haben. Der Unterricht, an den ich kaum Erinnerungen habe, fand im „Haus Margarethe“ statt. Demnach war die Sache wohl nicht sehr anstrengend. Wir fühlten uns auch mehr wie in einer langen Sommerfrische, die wir in vollen Zügen genossen. Stundenlang hielten wir uns am Strand auf und tummelten uns in den Wellen der Ostsee. Wir unternahmen auch lange Wanderungen am Strand entlang, besuchten die westlich von uns gelegenen Ostseebäder Heringsdorf und Bansin.

Gar manches Mal wagten wir uns bei ziemlichem Wellengang ins Wasser. Auch ein als Warnung an einem Mast hochgezogener Weidenkorb konnte uns nicht davon abhalten. Wenn das rauskam, gab es eine Standpauke, bei der man uns eindringlich auf die Gefahren der Unterströmung hinwies. Doch die Mahnungen hielten nicht lange vor. Zum Glück ging bei uns auch alles gut, niemand kam in „Seenot“, niemals mußten Rettungsaktionen durchgeführt werden. Wir hatten fast alle, so auch ich, den Freischwimmer, einige den Fahrtenschwimmer. In der Not hätte das wohl kaum geholfen. Auch in dieser Hinsicht konnten wir nur von Glück reden, daß von diesen Extratouren weder der Lagerleiter noch unsere Eltern etwas wußten.

Ein anderes Ziel am Strand, das wir sehr oft besuchten, war die weit in die See hinausragende Seebrücke von Ahlbeck. Sie stand auf unzähligen in den Meeresboden gerammten Pfählen, um die ständig glucksend das Wasser spülte und seine Spuren hinterließ. Dort hielten wir uns gerne auf, zumal einige versuchten, von der Brücke aus Fische zu fangen. Außerdem gab es immer etwas zu beobachten, waren es nun Quallen, Schwärme von Jungfischen oder auch Möwen, die ständig auf Nahrungssuche waren.

Aus der Zeit in Ahlbeck sind mir noch die vielen Kriegsspiele, die wir in den Dünen machten, in Erinnerung. Schließlich waren wir, das sei offen zugegeben, von den deutschen Erfolgen begeistert. Sondermeldungen im Rundfunk wurden mit Jubel aufgenommen, wobei uns besonders die Erfolge der U-Boote imponierten. Bei den Kriegsspielen waren uns vielfach die Buren unter Ohm Krüger Vorbild, die den Briten im Burenkrieg 1899/1900 heldenhaften Widerstand geleistet hatten, ihnen aber letztendlich doch unterlagen.

Vom Krieg selbst spürten wir auf Usedom nichts. Allerdings zog bei gutem Wetter sehr oft ein Schlepper am langen Seil ein Zielfloß in Küstennähe durch das Wasser. Das Schiff kam von Swinemünde und diente der dort liegenden Marineartillerie als bewegliche Zielscheibe. Natürlich beobachteten wir mit Fernrohren gerne das Übungsschießen und bejubelten jeden Treffer. Und diese waren nicht selten. So wurde dann das arg ramponierte Zielfloß wieder nach Swinemünde geschleppt, schnellstens repariert und wieder aufs Meer geschickt. Oft sahen wir es jedenfalls am nächsten Tag wieder draußen auf See.

Einmal lagen in Swinemünde einige Minenräumboote im Hafen. Sie waren das Ziel eines Ausfluges. Das war natürlich was für uns! Wir kletterten auf den Booten herum, untersuchten die Geschütze und krochen in die kleinsten Kojen. Alles war interessant für uns, und manchem tat sich eine andere Welt auf.

Abgefüttert wurden wir im „Haus Margarethe" in zwei Eßräumen im Parterre. Da hatten sich schnell Tischgemeinschaften zusammengefunden, die nicht mit den Stubengemeinschaften identisch waren. So kam es, daß Heiko in einem anderen Eßzimmer saß als ich. Die Verpflegung war gut, hatte aber auch ihre Eigenarten. Schließlich waren wir an der Ostsee, und so stand Fisch sehr oft auf der Speisekarte. Wir haben unendlich viele geräucherte kleine Flundern gegessen. Es gab viel Brat- und Kochfisch.

Kleine marinierte Heringe waren für mich und einige Jungs eine besondere Delikatesse, während andere sie überhaupt nicht mochten. Das war die richtige Basis für ein Wettessen. Von allen Seiten landeten die Fische auf den Tellern der Wettbewerbsteilnehmer. Ich aß und aß, und siehe da, schließlich hatte ich 34 Stück davon verzehrt und war damit Erster in unserem Zimmer. Doch den Sieg errang mein Bruder Heiko, der es im Nebenzimmer auf 36 Stück gebracht hatte. Das alles hat uns viel Spaß gemacht. An nachteilige Folgen kann ich mich nicht erinnern.

Um uns auch bei schlechtem Wetter zu beschäftigen, hatte sich die Lagerleitung einen Bastelwettbewerb ausgedacht, bei dem die einzelnen Zimmer jeweils eine Mannschaft bildeten. Hier hatten wir von der Stube acht gute Karten. Besondere Geschicklichkeit zeigte Heiko, der das „Haus Margarethe" maßstabgetreu als Modell aus Pappe, Papier und viel Leim fertigte. Es war ein Kunstwerk, das die Jury beeindruckte und uns die meisten Punkte brachte.

Ich hatte einen Bastelbogen für eine Heinkel 111 (He 111) gekauft, ein zweimotoriges, im spanischen Bürgerkrieg 1936 bis 1939 eingesetztes Bombenflugzeug der deutschen Luftwaffe. Das Modell wurde von mir etwas abgewandelt, indem ich es auf Schwimmer stellte. Um dem Modell den rechten Glanz zu verleihen, habe ich es, gewissermaßen als letzten Akt, mit Wasserglas überpinselt.

Die anderen bastelten eifrigst Jagdflugzeuge aus dem Ersten Weltkrieg, vor allem Doppeldecker. Freilich durfte der Dreidekker des Freiherrn von Richthofen nicht fehlen. Diese Modelle wurden in einer Ecke unserer Veranda an feinen Fäden so aufgehängt, daß es nach einem richtigen Luftkampf aussah, bei dem sogar ein – natürlich feindliches – Flugzeug mit einer aus Watte hergestellten Rauchfahne beim Absturz dargestellt war.

Wiegand Dittmann und Dietwart Winkler hatten sich für etwas anderes entschieden. Sie bauten nach einem Modellbaubogen eine Nachbildung der Lokomotive „Adler" mit drei Loren, die am 7. Dezember 1835 als erste Eisenbahn in Deutschland die 6,1 Kilometer lange Ludwigsbahn von Nürnberg nach Fürth befuhr. So steuerte jeder aus unserer Stube seinen Teil bei.

Angesichts eines solchen Angebots selbstgefertigter Arbeiten war es eigentlich kein Wunder, daß unsere Stube den Vogel abschoß. Als Siegesprämien waren Bücher ausgesetzt, über die wir uns ebenso freuten wie wir stolz waren auf unseren Sieg.

Mit meiner Heinkel 111 hatte es vor dem Wettbewerb noch eine Panne gegeben. Sie stand zum Trocknen auf dem Sofa, als Heiko, rückwärts gehend, sein auf dem Tisch stehendes „Haus Margarethe" nochmals in Augenschein nahm. Er landete auf dem Sofa auf meinem Modell, schnellte, als er dies Mißgeschick bemerkte, zwar augenblicklich hoch, konnte aber nicht verhindern, daß erhebliche Schäden eintraten. Heikos Kommentar dazu: „So etwas kann auch nur mir passieren!"

Die Schäden wurden mit viel Geschick einigermaßen behoben, um das Modell im Wettbewerb vorzeigen zu können.

Eine lange Lebensdauer hatte mein Modell ohnehin nicht. Bei ruhiger See versuchten wir, das Flugzeug auf dem Wasser schwimmen zu lassen. Doch die aus dicker Kiefernrinde hergestellten Schwimmer erwiesen sich als nicht tragfähig genug. So sank das Flugzeug und wurde naß, was der Pappe trotz des Schutzes durch Wasserglas gar nicht gut bekam. Hier zeigte sich die Vergänglichkeit meines Modells, glücklicherweise nachdem es den Wettbewerb mit bestritten hatte.

Der August brachte eine schöne Abwechslung. Am 20. August vollendete unser Großvater, Carl Pacyna, der zusammen mit seiner Tochter, unserer Tante Lotte, in Wehlau/Ostpreußen lebte, sein 80. Lebensjahr. Dazu reisten Heiko und ich von Ahlbeck an und trafen in Ostpreußen nicht nur unsere Eltern, sondern auch unsere Schwester Barbara sowie unsere Tante Ilse.

Ein solches Familientreffen war 1942, nach fast drei Kriegsjahren, immerhin noch möglich. Tante Lotte spielte auf dem Kla-

Zum 80. Geburtstag von Großvater Carl Pacyna traf sich die ganze Familie noch einmal in Wehlau in Ostpreußen. Dabei entstand – das war damals noch möglich – dieses Familienfoto.

vier „Großer Gott, wir loben Dich“, und wir alle sangen mit. Dem Jubilar, der Schulrat in Wehlau gewesen war und im alten Steintor ein Heimatmuseum aufgebaut hatte, gratulierten zahlreiche Besucher von der Stadtverwaltung und vom Schulamt, vom Heimatverein und mehr. Es wurde sogar ein Gruppenfoto von der ganzen Familie gemacht. Dabei imponierte mir besonders das Blitzpulver, das der Photograph zündete, nachdem er seinen uralten Plattenapparat – verdeckt unter einem großen schwarzen Tuch – eingestellt hatte. Eine gewaltige Rauchwolke stieg im Zimmer auf.

Ende September 1942 kehrten wir nach über viermonatigem Aufenthalt in Ahlbeck nach Berlin zurück. Das war wohl die längste Sommerfrische meines Lebens.

Zwischen Posen und Warschau

Die Aktivitäten der US-amerikanischen und britischen Luftwaffe über Deutschland nahmen im Winterhalbjahr 1942/43 beachtlich zu. Kaum eine Nacht verging in Berlin ohne Fliegeralarm, war doch nicht vorhersehbar, welchen Weg die Bomberverbände einschlagen würden; Ziele gab es überreichlich. Oft, aber keineswegs immer, war es die Reichshauptstadt, über der dann die Bomben abgeworfen wurden.

Der erste schwere Schlag erfolgte am „Tag der deutschen Luftwaffe“ am 1. März 1943 und betraf insbesondere das Gebiet um den Prager Platz in Berlin-Wilmersdorf. Auch in unserer Wohnung im vierten Stock der Prinzregentenstraße 5 brannten, ausgelöst von Stabbrandbomben und Phosphorkanistern, die drei Zimmer zur Straßenseite. Zwar konnte das Feuer relativ schnell unter Kontrolle gebracht werden, doch die Brand- und Löschwasserschäden waren groß. Viele Häuser in unserer Nachbarschaft brannten völlig nieder. Es war ein Flammeninferno, gegen das die Bewohner mit ihren primitiven Löschgeräten nicht ankamen. Da nutzten weder zäher Wille noch Ausdauer bis zur völligen Erschöpfung.

Angesichts dieser Situation wurden an den Schulen die Bestrebungen aktiviert, die Schüler in sichere Gebiete zu verschicken. Es gelang, die meisten Eltern von der Notwendigkeit einer erneuten Kinderlandverschickung zu überzeugen. So konnte

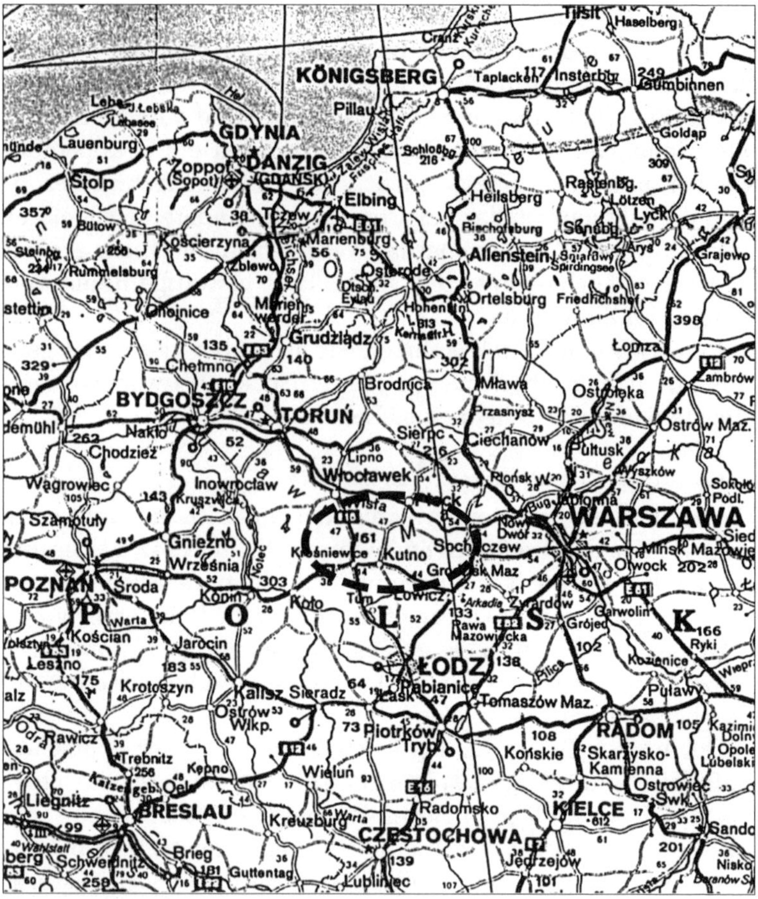

1943/44: Waly bei Kutno im Warthegau (heute Polen).

die Treitschkeschule wieder ein eigenes Lager bilden. Diesmal ging es nach Osten, in den 1939 eroberten und in das Deutsche Reich eingegliederten Warthegau. Ziel war das rund sieben Kilometer von Kutno entfernte Waly, etwa auf halber Strecke zwischen Posen und Warschau. Die dortige Landwirtschaftsschule wurde Domizil der Treitschke-Schule.

„Mit sofortiger Wirkung", so hieß es in einer am 1. August 1943 an die Eltern der Berliner Schuljugend verteilten Wurfsendung, „werden die Berliner Schulen mit ihren Lehrern klassenweise in die für den Gau Berlin vorgesehenen Aufnahmegaue Mark Brandenburg, Ostpreußen und Wartheland verlegt". In dieser Wurfsendung forderte Joseph Goebbels in seiner Funktion als Reichsverteidigungskommissar und Gauleiter der NSDAP von Berlin die Bevölkerung der Reichshauptstadt auf, sich in weniger luftkriegsgefährdete Gebiete des Reiches zu begeben.

Offensichtlich vertraute der Reichsminister für Volksaufklärung und Propaganda selbst schon nicht mehr seiner bei einer Rede – in unverkennbarem rheinischen Dialekt – lauthals ver-

Die für Internatsbetrieb gebaute Landwirtschaftsschule in Waly bei Kutno, ein nüchterner zweietagiger Zweckbau mit Blechdach. Hier die ganze Lagermannschaft vor einem Flügel des Gebäudes.

Die Toiletten waren außerhalb der Gebäude und hatten die berühmten Türen mit dem ausgeschnittenen Herz. Das war unser „Dreizylinder".

kündeten Auffassung: „Ich weiß, es werden alsbald Zeiten kommen, wo aus den ‚Fliegenden Festungen' ‚Fliegende Särge' werden!" Die amtliche Aufforderung zum Verlassen der Stadt kam jedenfalls reichlich spät. Zu diesem Zeitpunkt waren wir längst mit unserer Schule „verschickt", und zwar bereits zum dritten Male.

Gleich nach den Sommerferien war die Abreise. Doch ich befand mich gerade auf Gut Gutow bei Ostrowo auf Ernteeinsatz und nahm am Sammeltransport nicht teil. Ich kam etwa Mitte August direkt von Ostrowo nach Waly, wo ich dann auch meinen Bruder wiedertraf. Jetzt waren meine Klassenkameraden und ich, obwohl erst in der Untertertia – heute neuntes Schuljahr – die ältesten Schüler. Die noch älteren waren bereits Luftwaffenhelfer oder zum Arbeits- bzw. Militärdienst eingezogen. Wir waren uns unserer Rolle bewußt.

Die Landwirtschaftsschule Waly war ein sicherlich noch nicht alter Zweckbau. Das Hauptgebäude, ein ganz in weiß gehaltener zweigeschossiger Kasten mit einem relativ flachen Dach, umgab ein Park mit einem schönen, alten Baumbestand, der reichlich Schatten spendete. Wir älteren Schüler wurden jedoch in einem Nebengebäude untergebracht, das sehr viel älter war und ebenfalls im Park lag. Wir zogen zu acht bis zehn Jungen auf ein Zimmer. Die Waschgelegenheiten waren recht primitiv. Die Toiletten befanden sich außerhalb und hatten die berühmten Türen mit ausgeschnittenem Herz. Davon standen mehrere nebeneinander, und wir nannten sie unseren „Dreizylinder".

In Waly gab es noch keinen elektrischen Strom. Petroleumlampen sorgten für das notwendige Licht. Allerdings waren es schon Lampen modernerer Art, die statt des Dochtes einen sogenannten Glühstrumpf hatten, wodurch das Licht heller war. Wir haben aber, als die Tage kürzer wurden, so manches Schummerstündchen gemacht, um das Putzen der Lampenzylinder in Grenzen zu halten. Geheizt wurde mit Kanonenöfen, die im Winter eigentlich ständig „betreut" werden mußten. Das war schon lästig, zumal die meisten von uns von zu Hause Zentralheizung kannten.

Von den etwa 60 Treitschke-Schülern, die sich in Waly aufhielten, wohnten drei Viertel in der ersten Etage des Hauptgebäudes in einem mit „Doppelstöckern" bestückten großen Schlafsaal. Zwar waren genügend Betten vorhanden, es fehlte aber an Schränken oder Spinden, wie sie im Nebengebäude zur Verfügung standen. So mußten die hier untergebrachten jüngeren Schüler freie Betten als Ablage für ihre Sachen nutzen. Es herrschten chaotische Zustände, die ich nicht hinnehmen wollte, zumal man mich gebeten hatte, mich um die Jüngeren

Die ungepflasterten Straßen von Waly verwandelten sich bei Regen in wahre Seenplatten. Für uns Berliner war dies der „Ku-Damm".

etwas zu kümmern. Diese Aufgabe nahm ich ernst. So entschloß ich mich, vom Nebengebäude in das Hauptgebäude umzuziehen und das Los der Jüngeren zu teilen. Das brachte mir zwar das Gespött der anderen Kameraden meines Alters ein – „Du bist doch ein Spinner!“ –, doch das störte mich nicht weiter. Ich versuchte, etwas Ordnung in das Chaos zu bringen, wobei es manchmal auch unsanft zuging. Anders war die Sache nicht in den Griff zu bekommen. Es war anfangs hart, mit der Zeit aber spielte sich alles ein. Die Lage wurde erträglich. Mir konnte keiner vorwerfen, ich hätte gut reden, würde aber selbst bevorzugt im Nebenhaus wohnen. Durch meine Anwesenheit auch bei der Nachtruhe konnte ich manche „Kämpfchen“ verhindern, die immer wieder zwischen verschiedenen Gruppen entbrannten und teilweise ernste Formen annahmen.

Das KLV-Lager Waly wurde von Oberstudiendirektor Werner Dreetz, dem Direktor unserer Schule, höchstpersönlich geleitet, der – wie die anderen Lehrkräfte auch – seine Frau mit in den Warthegau gebracht hatte. Mit von der Partie waren außerdem Dr. Johannes Brücken, unser „Bully“ also, Dr. Schulz und Dr. Tielicke, letzterer hatte seinen etwa einjährigen Sohn mitgebracht.

So lief der Unterricht auf vollen Touren, was wir von Berlin her überhaupt nicht mehr gewohnt waren. Meine schulischen Probleme waren in Waly nicht geringer, besondere Schwierigkeiten hatte ich in Englisch. Voller Mitleid schrieb der Lehrer unter einen gar nicht so schlecht gelungenen Aufsatz: „It's a pity, that you make too many mistakes!“ (Es ist ein Jammer, daß du zu viele Fehler machst). Auf dem Zeugnis erhielt ich – bei fünf Noten – im schriftlichen Englisch ein Mangelhaft, insgesamt aber ein Ausreichend, was ich in Latein und Mathematik ebenfalls nur erzielte. Sonst wurden meine Leistungen als befriedigend betrachtet.

Über eine schwache Mittelposition kam ich nicht hinaus, honoriert wurden aber meine Bemühungen um die Jüngeren. Sie führten in diesem, dem letzten Zeugnis vor meinem Luftwaffenhelfereinsatz, bei der allgemeinen Beurteilung zu der Bemerkung: „In der Betreuung der jüngeren Jahrgänge des KLV-Lagers unserer Schule hat er sich besonders bewährt.“

Ob das auch alle Jüngeren so gesehen haben, möchte ich allerdings bezweifeln.

Das in einer nahezu völlig flachen Ebene gelegene Waly war ganz gewiß kein schönes Dorf. Die aus Feldsteinen und Lehm gebauten Häuser der Polen waren mit Stroh gedeckt. Sie standen mit beträchtlichem Abstand an nur zwei Straßen, die wir „Kurfürstendamm" und „Unter den Linden" tauften. Die nicht gepflasterten, mit unzähligen Schlaglöchern übersäten Straßen verwandelten sich nach jedem Regen in kaum passierbare Seenplatten.

Einige Male wanderten wir Älteren die immerhin sieben Kilometer nach Kutno, um in ein recht primitives Kino zu gehen. Der Rückmarsch wurde bei Regen zu einem Fiasko, da wir uns, von einer Pfütze in die andere tretend, gegenseitig mit Lehmbrühe beschmutzten. Bis zu den Knien naß und dreckig, kamen wir dann im Lager an und hatten die Folgen – Trocknen und Reinigen – selbst zu tragen. Nicht verwunderlich, daß derartige Ausflüge eine Seltenheit wurden.

Das Lehrerkollegium in Waly: Dr. Thielecke mit Frau und Sohn, Direktor Werner Dreetz mit Frau, Dr. Schulz mit Frau und Dr. Johannes Brücken mit Frau (von links nach rechts).

Für unser leibliches Wohl sorgte als Wirtschaftsleiterin Lydia Paterrek mit ihrer rein weiblichen Mannschaft. Die Landwirtschaftsschule Waly war eine Internatsschule, da die Schüler aus der weiteren Umgebung kamen. Für sie wären tägliche Anfahrten allein schon wegen der Straßenverhältnisse unmöglich gewesen. Zudem besaß damals kaum ein Schüler einen fahrbaren Untersatz. Die Verpflegung war gut und reichlich, an Besonderheiten kann ich mich aber nicht erinnern.

Wenn einige von uns hin und wieder versuchten, ein Huhn zu fangen, das sich zu weit vom heimatlichen Bauerngehöft entfernt hatte, so hatte das nichts mit der Lagerverpflegung zu tun. Es war reine Abenteuerlust. Zwar waren die Hühner, denen ich mit einigen Kameraden nachstellte, stets schneller und viel schlauer als wir, aber es gab auch erfolgreiche Teams. Mit einem gezielten Steinwurf wurde das Opfer hingestreckt, mit dem Fahrtenmesser geschlachtet und zum Schutz vor Füchsen und anderen Räubern an einer Kordel hoch in einem Baum zwischengelagert. Beim Rupfen am folgenden Tag stiebten dann die Federn. Das Opfer wurde am offenen Feuer am Spieß gebraten und mit Freuden, ohne jegliche Gewissensbisse verschmaust. Schließlich, rechtfertigten wir uns, hätte auch ein Habicht das Huhn geholt haben können. Oder etwa nicht?

Der Eßsaal für die ganze Mannschaft lag unmittelbar neben dem Schlafsaal der Jüngeren. Dort stand auch ein Volksempfänger, über den wir die neuesten Nachrichten erfuhren. Oft wurde über Angriffe auf Berlin berichtet, wobei die eingetretenen Schäden in der Regel bagatellisiert wurden.

Deshalb erfuhren Heiko und ich auch erst mit einiger Verspätung, daß am 16. August unser Wohnhaus in der Prinzregentenstraße von Sprengbomben getroffen und bis auf die hinteren Treppenaufgänge völlig zerstört worden war. Meine Eltern überlebten diesen Angriff der Alliierten im Keller unseres Hauses, der mit zusätzlichen Stützbalken zum Luftschutzkeller ausgebaut worden war. Das war Glück im Unglück, doch sie verloren ihre gesamte Habe. Auch das Gebiet am Hafenplatz, wo die Dienststelle unseres Vaters lag, wurde schwer getroffen. So wurde die Dienststelle kurzerhand nach Neuruppin in die dortige Landwirtschaftsschule verlegt. Meine Eltern fanden dort ein möbliertes Zimmer. Wir erlebten all dies in weitem, sicheren Abstand, haben also den Verlust der Wohnung, in der wir seit 1930 aufgewachsen waren, nur am Rande als beinahe schon unvermeidbare Kriegsfolge mitbekommen. Übrigens war die Wohnung nach den schweren Schäden, die am 1. März 1943 entstanden waren, in erstaunlich kurzer Zeit wieder hergerichtet worden. Das hatte nun wahrlich nicht lange vorgehalten.

Die Lehrer wohnten in Waly alle im Hauptgebäude, wahrscheinlich in den Räumen, die sonst den Landwirtschaftslehrern zur Verfügung standen. Direktor Dreetz war ein recht gemütlicher Mann, der gern unter den hohen Bäumen im Park ein Buch las. Seine Frau war eine begeisterte Malerin, die auch in Waly immer neue Motive fand. Oft schauten wir ihr bei dieser Tätigkeit über die Schulter.

Wir stromerten in unserer freien Zeit viel durch die Umgebung um die Schule herum oder führten Geländespiele durch, die von Peter Kratzenberg, dem Lagermannschaftsführer im Range eines Fähnleinführers der Hitler-Jugend organisiert wurden. Mal machten wir eine Nachtwanderung, mal ein Lagerfeuer, an welchem wir eifrig sangen. An den langen Herbst- und Winterabenden saßen wir meist im Eßsaal, der uns zugleich als Aufenthaltsraum diente. Da wurden Spiele gemacht, auch Skat gedroschen, Lieder gesungen. Ab und an fand ein Kameradschaftsabend statt, bei dem manch markiger Spruch geklopft wurde, wie das damals halt üblich war. Dort feierten wir den Aufbruch der Deutschen gen Osten und vieles andere mehr. Die älteren Schüler hielten sich dabei eher zurück. Viele hegten schon erhebliche Zweifel am NS-Regime.

In der Umgebung von Waly waren zahlreiche Deutsche aus Bessarabien angesiedelt worden, deren Häuser sich deutlich von den sehr viel älteren Gebäuden der Polen unterschieden. Sie waren aus Holz gebaut. Mit einigen dieser Umsiedler nahmen wir älteren Schüler Kontakt auf. Wir luden sie zu uns ins Lager ein, und es kam vor, daß wir sonntags bei ihnen zu Gast waren und gut und reichlich beköstigt wurden. Sie besuchten auch hin und wieder einen Kameradschaftsabend bei uns im Lager. Doch im Grunde genommen waren und blieben uns diese Menschen fremd. So kam es nur zu recht flüchtigen Kontakten. Mir ging es jedenfalls so. Anderen Kameraden könnte es anders ergangen sein.

Selbst im fernen Warthegau gab es hin und wieder eine Abwechslung. Eines Tage kam eine Gruppe von Hauswirtschaftsschülerinnen zu einer einwöchigen Schulung nach Waly. Darüber freuten sich insbesondere die älteren Treitschke-Schüler, und dazu zählte auch ich. Abends saßen wir oft mit den Mädchen zusammen und klönten, wir sahen beim Volkstanz zu. Ich freundete mich mit der aus Sachsen stammenden Ruth Fischer an, mit der ich bis zum Ende des Krieges regen Briefkontakt hatte. Es war eine Freundschaft auf rein kameradschaftlicher Basis, die jedoch ihrerseits abgebrochen wurde, weil sie, die sehr der Nazi-Ideologie verhaftet war, nach dem Zusammenbruch des NS-Regimes in der von Kommunisten beherrschten russischen Besatzungszone für sich keine Aussichten mehr sah.

Ein anderes Mal, es muß im Herbst gewesen sein, biwakierte eine Kompanie junger Infanteristen bei uns im Park. Da wurden Zelte aufgeschlagen, Lagerfeuer entfacht. Es herrschte ein reges Leben. Die Truppe war aber nach etlichen Gewaltmärschen ziemlich angeschlagen. Viele hatten dicke Blasen an den Füßen, wobei solche, die kleiner als ein Fünfmarkstück waren, nicht zählten. Sie hatten also mit sich selbst zu tun. Besonders imponierten uns die Offiziere, die hoch zu Roß in unseren Park kamen und in einem Extrazelt einquartiert worden waren. Verpflegung gab's aus der Gulaschkanone.

Insgesamt verbrachte ich etwa 19 Monate meiner Jugend in Kinderlandverschickungslagern, zehn Monate in St. Joachimsthal im Erzgebirge, vier Monate in Ahlbeck auf Usedom und fünf Monate in Waly bei Kutno.

Im KLV-Lager Waly, in dem wir auch das Weihnachtsfest 1943 verbrachten, erreichte mich Ende 1943 – wie viele Klassenkameraden auch – der Einberufungsbefehl als Luftwaffenhelfer. Zum 10. Januar 1944 sollten wir in Berlin unseren Dienst antreten, doch wurde der Termin noch auf den 26. Januar verschoben. Mit dieser Einberufung hatten wir nach der Musterung alle gerechnet. Kaum einer wollte sich da drücken. Als Angehöriger einer Familie, die ihr Hab und Gut im Bombenkrieg bereits verloren hatte, war ich durchaus bereit, meinen

Beitrag zur Verhinderung weiterer Schäden durch Luftangriffe zu leisten. Den meisten anderen erging es ebenso, auch wenn sie zu den bisher glimpflich Davongekommenen gehörten. Das ständige Bangen um die in Berlin wohnenden Angehörigen reichte zu einer fast allgemeinen Bereitschaft zur Verteidigung der Heimatstadt aus. Gar mancher wäre, so wie ich, enttäuscht gewesen, wenn er bei der Musterung nicht kriegsverwendungsfähig (kv) geschrieben worden wäre. So haderte eigentlich niemand mit seinem Schicksal.

Mit meiner Abreise von Waly Anfang Januar 1944 trennten sich die Lebenswege der Brüder Pacyna. Als wir Abschied voneinander nahmen, ahnte keiner von uns beiden, daß wir uns erst Mitte 1947 wiedersehen sollten. Heiko blieb zunächst in Waly, wurde dann aber in andere KLV-Lager umgesiedelt. Gegen Kriegsende wurde er noch zum Volkssturm eingezogen.

Nur noch Gastrollen bei den Eltern

Doch nun wieder ein Stück zurück. Nachdem wir im September 1941 aus dem KLV-Lager St. Joachimsthal zurückgekehrt waren, sollte eigentlich wieder ein geregeltes Leben in den Familien beginnen. Doch diese Vorstellung erfüllte sich nicht, da Berlin, besonders ab 1943, immer wieder von den Briten, ab März 1944 auch von den Amerikanern angeflogen und angegriffen wurde. Nur wenige Nächte vergingen ohne Fliegeralarm. Dabei war Berlin längst nicht das einzige Ziel der einfliegenden Bomberverbände. Wenn Einflüge in Nordwest-Deutschland gemeldet wurden, wurde aber vorsorglich auch die Berliner Bevölkerung alarmiert.

In dieser Situation war es nicht verwunderlich, daß fortwährend in Erwägung gezogen wurde, uns Kinder möglichst bald wieder in sichere Gebiete zu verschicken. So hatten wir das Gefühl, bei unseren Eltern in der Heimatstadt Berlin nur noch Gastrollen zu spielen. Wir rechneten jederzeit damit, wieder auf die Reise zu gehen, entweder – wie berichtet – in ein neues KLV-Lager oder auch – wie im folgenden Kapitel – zum Ernteeinsatz.

Trotzdem waren diese Gastrollen von längerer Dauer, da es viel Zeit brauchte, bis die Überlegungen in die Tat umgesetzt wurden. So war ich noch zweimal für längere Perioden zu Hause, das erstemal von September 1941 bis Mai 1942, zwischen den KLV-Lagern St. Joachimsthal und Ahlbeck, und das zweitemal von November 1942 bis Juni 1943, zwischen den Ernteeinsätzen in der Neumark und im Warthegau. Aber das war schon alles.

Die nächtlichen Fliegeralarme beherrschten das Leben. Wenn die Sirenen, auf und ab heulend, ertönten, mußten wir Kinder schnellstens unser stets bereitstehendes Notgepäck schnappen und in den Luftschutzkeller runter. Dabei hatten wir die hintere Treppe zu benutzen. Wir eilten vorbei an Wassereimern und Feuerpatschen, die auf jeder Etage standen. Auch Säcke mit Löschsand lagen bereit. Das waren die vorgeschriebenen Sicherheitsvorkehrungen.

Das Kellergeschoß unseres Hauses war zu einem Luftschutzkeller ausgebaut worden, indem zahlreiche Holzpfeiler als zusätzliche Stützen für die Decke montiert worden waren. Zudem waren einige Kellerfenster besonders gesichert und als Notausgänge ausgebaut worden. Auch hatte man Durchbrüche durch die Kellerwände zu den Nachbarhäusern gemacht, um so für Notfälle zusätzliche Fluchtwege zu schaffen. In diesem Luftschutzkeller hatte jede Familie so eine Art Stammplatz. Es waren sogar einige Etagenbetten vorhanden, in denen wir zeitweilig unseren unterbrochenen Schlaf fortsetzen konnten. Aber es herrschte immer Gedränge.

Wegen seiner im Ersten Weltkrieg erlittenen schweren Verwundung wurde unser Vater nicht mehr zum Militärdienst eingezogen. Dafür übernahm er andere Pflichten. Wenn die Sirenen ertönten und die Familie geweckt worden war – wir lagen teilweise in tiefem Schlaf –, machte sich unser Vater auf den Weg und alarmierte noch andere Mieter. Bewaffnet mit einer großen Bratpfanne und einem Fleischklopfer eilte er praktisch als „laufender Gong" die Hintertreppe hinunter, dann die anderen Treppenaufgänge des Hauses hoch und runter, um auch den letzten zu wecken. Das war ein Pensum, das er stets mit Sorgfalt absolvierte, gab es doch immer wieder Mieter, welche die Sirenen überhörten und so auf den Zusatzalarm angewiesen waren. Nur unsere Mutter war etwas betrübt, denn ihre Pfanne, die einst einen ebenen, auf dem Herd aufliegenden Boden hatte, bekam dadurch eine arge Ausbeulung und war für ihren eigentlichen Zweck nicht mehr so recht brauchbar.

Fliegeralarm dauerte meist Stunden. Oft schliefen wir im Keller in fast unmöglichen Lagen und quälten uns, wenn die Sirenen durch einen langanhaltenden Dauerton Entwarnung gaben, wieder nach oben. Schnell krochen wir in unsere Betten und schliefen weiter. Aber es gab Nächte, in denen sich das ganze Spiel ein- bis zweimal wiederholte. Daß wir wie gerädert waren, wenn wir nun wirklich aufstehen sollten, hat niemanden verwundert. Zwar fing der Unterricht nach solchen Alarmnächten später an, aber sonst ging alles seinen fast normalen Gang.

Besonders betroffen von den Fliegeralarmen waren auch unsere beiden Katzen Murkel und Mohrchen. Die beiden sollten unseren „Peter“, ein Prachtexemplar von Kater, der während unserer Kinderlandverschickung nach St. Joachimsthal im Dezember 1940 verstorben war, ersetzen. Murkel war braunschwarz gescheckt, während Mohrchen bis auf einen weißen Fleck auf der Brust rabenschwarz war. Da Haustiere nicht in den Luftschutzkeller mitgenommen werden durften, mußten wir unsere Katzen bei Alarm einsperren. Wir steckten sie in die recht kleine Gästetoilette, damit sie, durch Flakfeuer und Bombeneinschläge möglicherweise in Panik geraten, niemanden anfallen konnten. Das muß für sie eine ganz bittere Pille gewesen sein, da sie doch sonst in der ganzen Wohnung frei herumliefen und teilweise auch ihr Unwesen trieben.

Bei aller Müdigkeit gab es etwas, das uns, insbesondere nach Nächten mit viel Flakfeuer, frühzeitig aus den Federn half. Mein Bruder Heiko und ich wurden leidenschaftliche Splittersammler. Die besten Erfolgschancen hatte man, wenn man in aller Frühe die Straßen absuchte. Plötzlich war das morgendliche Brötchenholen, sonst eine eigentlich verpönte, lästige Angelegenheit, durchaus interessant. Wir schnallten unsere damals eisernen und somit relativ schweren Rollschuhe unter, und ab ging die Post. Gut, daß die Brötchen von einem Bäcker in etwas weiterer Entfernung geholt werden sollten. Da konnte man Hin- und Rückweg variieren und so mehrere Asphaltstraßen unter die Lupe nehmen.

Zu Hause wurde dann die Ausbeute der Sammelaktionen begutachtet. Jeder wollte natürlich die größten und „schönsten“ Splitter gefunden haben. Unsere Leidenschaft für Flaksplitter – Bombensplitter waren damals noch eine Rarität – ging sogar soweit, daß wir in unserer Freizeit durch die Dachluke unseres Hauses auf das Dach stiegen, um auch dort nach Splittern Ausschau zu halten. Da in Berlin die Häuser dicht an dicht standen, konnten wir die Dächer unseres ganzen Häuserblocks absuchen. Dabei mußten wir teilweise recht beachtliche Höhenunterschiede überwinden. Aber was tat man nicht alles für einen „schönen“ Splitter! Ärgerlich wurde es nur, wenn ein besonders stattlicher Splitter so heiß vom Himmel heruntergekommen war, daß er sich fest in die Dachpappe oder den Teerbelag eingebrannt hatte. Da war so manches Mal alle Mühe vergebens.

Besonders begehrt waren die Köpfe von sogenannten Stabbrandbomben. Diese sechseckigen, etwa fünf Zentimeter langen Metallstücke fanden wir zu unserem Leidwesen meist ganz fest im Boden oder in den Dächern eingeschweißt, schließlich sollten sie ja Dächer durchschlagen. Es gelang uns aber, zwei davon zu bergen. Das waren dann die Prunkstücke unserer Sammlungen, die oftmals am Abend auch vom Vater begutachtet wurden.

Da die Treitschkeschule von Brandbomben getroffen worden und die Zahl der Schüler durch private „Landverschickung" geringer als normal war, wurde der Unterricht in eine andere Schule am Stadtpark verlagert. Es könnte die Hindenburg-Schule gewesen sein. Zu dieser Zeit hatte ich so meine Probleme mit dem Lernen. Besonders schwer fiel mir, um nur ein Beispiel zu nennen, Latein. Das war mir ein Greuel. Dr. Johannes Brücken, alias Bully, hatte wahrlich keine Freude an mir.

Einmal rief mich Bully in seinem typischen Rheinländer Dialekt auf: „Pattschina, Menneken, Menneken, komm ens vör die Front! Häste ding Adverbie jeliert? Äh, wat sachen isch, kannste ding Adverbie? Ze liere bruchste se net! Könne mußte se!" Doch bei der Abfragerei kam nicht viel heraus, und Bully, ein durchaus väterliches Exemplar von Pauker, geriet wieder einmal außer sich.

Sein ohnehin meist rot gefärbtes Gesicht wurde glühend, sein Blutdruck stieg sichtlich, bis er schließlich platzte. „Zentgraf, schreibe mal auf!", schrie er. Carl Zentgraf war seinerzeit in unserer Klasse beauftragt, alle zu ahndenden Missetaten seiner Kameraden zu notieren. „De Pattschina bringt morje en Onderschriff vun singem Vatter!" „Pattschina, hol ens ding Kladde eruss!" Und dann wurde mir folgender Text diktiert: „Ich lerne mit konstanter Bosheit meine lateinischen Adverbien nicht!"

Ziemlich bedrückt bat ich am Abend meinen Vater, seine Unterschrift unter diesen Satz zu setzen. Er aber schüttelte den Kopf. „Das mache ich nicht, schließlich brauche ich keine Adverbien zu lernen!" Nun diktierte er mir eine Neufassung: „Ich habe davon Kenntnis genommen, daß mein Sohn Hasso mit konstanter Bosheit die lateinischen Adverbien nicht lernt." Diesen Text unterzeichnete er. Als Bully am nächsten Tag nach der Unterschrift fragte, schmunzelte er angesichts des abgeänderten

Textes, sagte aber kein Wort. Zur Strafe mußte ich übrigens die Adverbien auch noch sechsmal abschreiben. Das war eine Mordsarbeit, die ich – Hefte waren damals knapp – auf einem riesigen, fast tafelgroßen Packpapierbogen erledigte. Das änderte trotzdem nichts daran, daß ich ständig mit Adverbien und dem Latein auf Kriegsfuß stand und bei Dr. Brücken nie gut abschnitt.

Sehr zur Freude unserer Eltern hatten die Jungs in St. Joachimstal Skat spielen gelernt. Da brauchten sie nicht erst lange nach dem dritten „Mann" zu suchen, wenn sie Lust auf ein Spielchen hatten. So wurden an manchem Abend die Karten herausgeholt und einige Runden gespielt.

Von unserer Ausdrucksweise, die wir ebenfalls mitgelernt hatten, waren unsere Eltern aber keineswegs begeistert. Als wir unseren Vater bei einem Null ouvert mit dem Ausruf „Hosen runter!" zum Offenlegen der Karten aufforderten, sahen sich unsere Eltern betroffen an. Noch mehr brüskierte sie die Feststellung „Ich bin Jungfer!". „Was soll denn das heißen?", entfuhr es unseren Eltern mit Entrüstung, doch wir sagten ohne jeglichen Hintergedanken, daß der betreffende eben keinen Stich bekommen hätte.

In dieser Zeit schnappten wir überhaupt so manche Redensart auf, die ihre Runden zog. Wenn bei einem „der Groschen nur langsam fiel", dann kommentierte man dies damals mit der Feststellung: „Ein Groschen ist doch kein Stuka!" Stuka ist die Abkürzung für Sturzkampfbomber. Und wenn Frauen sich die Haare nach oben steckten, sprach man von Entwarnungsfrisur, bei Entwarnung konnten eben alle aus dem Keller wieder nach oben. Auch mit Kraftausdrücken wurde nicht gegeizt. „Man, ick hau da in de Fresse, dat da sämtliche Gesichtszüge entgleisen!", „Ich hau da uff'n Kopp, dann kiekste aus de Rippen, wie'n Affe aus dat Gitter!", „Ein Schlag, der nächste is Leichenschändung!" Unter uns fühlten wir uns ganz schön stark.

Hin und wieder hatten wir Besuch, meist Bundesbrüder meines Vaters, die auf Heimaturlaub waren und einmal beim Pax und der Päxin – das waren durchaus freundlich gemeinte Spitznamen unserer Eltern in diesen Kreisen – vorbeischauen wollten. Sehr gut erinnere ich mich an einen Besuch von Ulrich Sachse, der nach einer leichteren Verletzung, einem sogenannten

Heimatschuß, bei uns aufkreuzte. Beeindruckt waren Heiko und ich, als er uns die Pistolenkugel zeigte, die man aus seinem Oberschenkel entfernt hatte.

Während dieser Gastrollenzeit in Berlin gingen Heiko und ich recht oft zum Dienst beim Jungvolk. Wir machten vielfach Geländespiele im Grunewald. Dazu fuhren wir meist mit der Straßenbahn vom Hohenzollernplatz zum Roseneck. Seltener benutzten wir das Fahrrad, denn wir besaßen wirklich nur eine alte „Jelle“, bei der ich Heiko auf die Stange nahm.

Einmal erlitt das Fahrrad auf der Rückfahrt einen Rahmenbruch, und wir landeten bei voller Fahrt unsanft auf der Straße. Wir trugen blutige Schürfwunden und dicke Beulen davon, und es flossen auch Tränen. Aber, aber! Tränen in einer Zeit, in der uns immer wieder eingetrichtert wurde: „Ein deutscher Junge weint nicht!“ Es war ein weiter, anstrengender Weg bis nach Hause, das kaputte Rad auf der Schulter. Das Rad war nicht mehr zu reparieren, bedauerlich und bitter in einer Zeit wie dieser.

Bei den Geländespielen ging es meist hoch her. Zwischen den Gruppen kam es zu harten Schlägereien. Damit nichts passieren konnte, ordneten die Jungenschaftsführer an, die Fahrtenmesser vor dem eigentlichen Spiel abzulegen und in einen Baumstumpf zu stechen. Dabei hatte Heiko, wie so oft, großes Pech, denn er traf nicht den Stumpf, sondern sein eigenes Knie. Blut spritzte, aber dafür war ja Verbandszeug da. Notdürftig verbunden, beteiligte sich Heiko noch am Geländespiel. Als wir nach Hause gehen wollten, konnte er schon kaum noch laufen. So schleppte ich ihn vom Grunewaldsee bis zum Roseneck auf der Schulter. Von hier fuhren wir mit der Straßenbahn bis zum Hohenzollernplatz, und wieder nahm ich Heiko auf die Schulter. Ich war schachmatt, als wir in der Prinzregentenstraße ankamen.

Am nächsten Morgen stellte sich heraus, daß Heiko sich eine Sehne angeschnitten hatte. Er mußte genäht werden und humpelte lange Zeit mit einem Verband durch die Gegend. Ohne den langen Transport auf meinen Schultern hätte die Sache sehr viel folgenschwerer ausgehen können. Doch wie hieß es damals? „Was uns nicht unterkriegt, das macht uns härter.“ Wir Jun-

gen sollten doch alle nicht nur „schlank und rank“, sein, sondern auch „flink wie Windhunde, zäh wie Leder und hart wie Krupp-Stahl“ werden. So hatte es Adolf Hitler am 14. September 1935 am „Ehrentag der deutschen Jugend“ in Nürnberg vor 54 000 Jungen und Mädchen der HJ gefordert.
Im Jungvolk machte ich keine Karriere. Aus dem Pimpf wurde schließlich ein Hordenführer, der einen Winkel trug und zeitweilig eine Jungenschaft führte. Über den Oberhordenführer mit zwei Winkeln kam ich nicht hinaus. Mit einer Jungenschaft baute ich in der Trautenaustraße einen Kellerraum als Treffpunkt aus. Da wurde die Decke geweißt und Rupfen, ein Jutegewebe, an die Wände gespannt. Tisch und Stühle bekamen wir von Eltern gestiftet. Doch oft konnten wir uns dort nicht treffen. Es war halt Krieg.

Besonders schön war die Zeit, als ich einige Reitstunden bei der Reiter-HJ nehmen konnte. Ich hatte zwar keine Reithose, sondern mußte mit meiner zur Jungvolk-Uniform gehörenden schwarzen Skihose reiten, aber das machte mir wenig aus, auch wenn ich einige Male bös’ durchgeritten war. Natürlich mußten wir die Pferde auch putzen und die Ställe sauberhalten, wir taten all das, was zu einer zünftigen Reiterausbildung gehört. Jedoch war mir dies nur eine kurze Zeit vergönnt, dann mußte ich wieder von Berlin fort. Die Ausbildung blieb folglich in den Anfängen stecken.

In dieser Zeit hatte ich auch engen Kontakt zu Dietwart Winkler, meinem Zimmergenossen von St. Joachimsthal und Ahlbeck, dessen Familie in der Spichernstraße 21 wohnte. Bei ihm richteten wir uns auf einem Hängeboden, der nur über eine Leiter zugänglich war, ein Nest ein, in dem wir ungestört klönen, schmökern oder auch Musik hören konnten. Dort wurden aber auch Schularbeiten gemacht.

In die Zeit meiner Gastrollen in Berlin – es war das Winterhalbjahr 1942/43 – fiel auch die Vorbereitung auf die Konfirmation. Meine Schwester Barbara, Heiko und ich besuchten gemeinsam den Konfirmandenunterricht. Eine Dreier-Konfirmation war vorgesehen, in Kriegszeiten durchaus verständlich. Wer hätte schon dreimal jährlich eine Feier ausrichten können? Dafür waren die Zeiten zu ernst, und zudem waren alle Nahrungsmittel streng rationiert. Doch wir sollten konfirmiert werden, was unter dem NS-Regime keineswegs allgemein üblich war. Viele Menschen hatten sich von den Kirchen abgewandt und suchten ihre Geborgenheit in einem Gottesbekenntnis außerhalb der Kirchen. Allzu eifrige Kirchgänger wurden nämlich von den Nationalsozialisten mit großer Skepsis beobachtet.

Im Februar 1943 war es dann für uns soweit. Für den Festtag bekamen Barbara ein neues Kleid und wir Jungen neue Anzüge. Das war ohne Frage etwas Besonderes, schließlich dauerte der Krieg schon dreieinhalb Jahre. Unsere Mutter hatte viel Arbeit mit den Vorbereitungen für das Fest. Durch Beziehungen, schon damals spöttisch „Vitamin B“ genannt, gelang es unseren Eltern sogar, einen Festtagsbraten aufzutreiben, was in dieser Zeit einiges heißen wollte. Aber auch sonst gab es viel zu tun. Bei diesen Endspurt-Aktivitäten traf unsere Mutter ein bedauernswertes Mißgeschick.

An allen Lichtschaltern unserer Wohnung klebten Kohlenklau-Bilder, die sie schon immer verabscheut hatte. Sie mochte ihn nicht leiden, den Kohlenklau, jene dunkle, fettleibige, stoppelbärtige, mit einer Augenklappe verunzierte Gestalt mit einem Kohlensack auf dem Rücken, die alle „Volksgenossen“ zum sparsamen Umgang mit elektrischer Energie veranlassen sollte. Um diese fiese Visage nicht zu Gesicht zu bekommen, schaltete meine Mutter oftmals das Licht gar nicht erst ein und durchquerte im Eiltempo den dunklen Flur. Ausgerechnet am Tage vor unse-

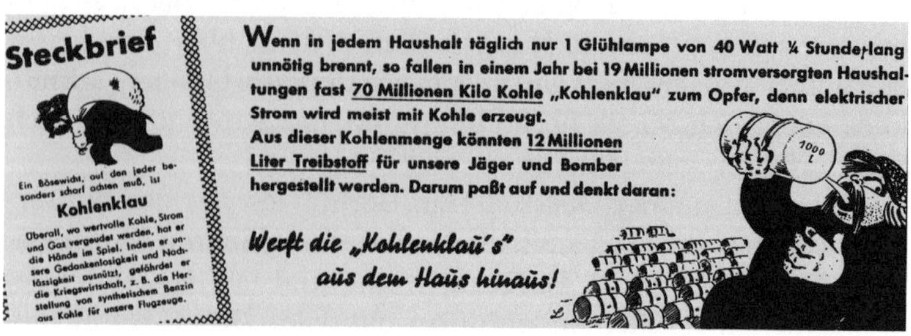

Bereits 1941 wurde mit derartigen Anzeigen für Energie-Einsparung in den Haushalten geworben. „Kohlenklau“ war bei uns schuld daran, daß bei unserer Dreier-Konfirmation kein Familienbild entstand.

Das offizielle Konfirmationsfoto: Gemeinsam mit unserer älteren Schwester Barbara wurden mein jüngerer Bruder Heiko (rechts) und ich in Berlin konfirmiert.

rer Konfirmation stieß sie in Augenhöhe gegen die Wand und bekam ein „Veilchen", wie es im Buche steht. Dieses war denn auch Grund dafür, daß am Konfirmationstag wohl Bilder von uns Kindern, einzeln und gemeinsam, aber keine Familienfotos gemacht wurden.

Am 28. Februar 1943 fand das langersehnte Ereignis statt. Die drei Kinder der Familie Günther Pacyna hatten gemeinsam ihren großen Tag. In Festtagskleidung wurden wir in der Kirche am Hohenzollernplatz eingesegnet. Anschließend gab's ein wirkliches Festtagsessen, und auch die Kaffeetafel war für damalige Verhältnisse sehr üppig gedeckt. Wir konnten uns an allem laben, zumal in dieser Zeit keiner von uns Probleme mit der Figur hatte.

So schön die Feier auch war, wir wurden sehr schnell auf den Boden der rauhen Wirklichkeit zurückgerufen. In der Nacht zum 2. März trieb uns ein Fliegeralarm in den Keller, wie schon Hunderte Male zuvor. Doch diesmal wollten die Briten es den Deutschen besonders zeigen. Zum Tag der Luftwaffe, der in der Nacht

In der evangelischen Kirche am Hohenzollernplatz in Berlin-Wilmersdorf fand die „Dreier-Konfirmation" der Familie Pacyna am 28. Februar 1943 statt. Die Federzeichnung der Kirche bildete das Titelblatt des Konfirmations-Scheines.

endete, sollte offenbar demonstriert werden, wie es um die Lufthoheit des Dritten Reiches bestellt war. So flogen die Bombergeschwader einen massiven Angriff mit Stab- und Phosphorbrand- sowie Sprengbomben auf Berlin. Dabei wurde das Prager Viertel, das Gebiet rund um den Prager Platz, von dem wir vielleicht 150 Meter entfernt wohnten, besonders hart getroffen.

Während das Jahr 1942 relativ ruhig verlaufen war, hatten es bereits die ersten Monate des Jahres 1943 hinsichtlich der Bombenangriffe auf Berlin in sich. Mitte Januar gab es zwei schwere Angriffe der Briten. Am 30. Januar drangen britische Mosquito-Schnellbomber sogar am Tage bis Berlin vor, um die Feiern zum zehnten Jahrestag der „Machtergreifung" zu stören. Am Nachtangriff vom 1. zum 2. März waren 257 viermotorige RAF-Flugzeuge beteiligt. Es war der schwerste Luftangriff auf die Reichshauptstadt seit Beginn des Krieges.

Doch zurück zu unserer Wohnung. Bei den ständigen Kontrollgängen hatten die Luftschutzwarte frühzeitig festgestellt, daß das Haus von zahlreichen Brandbomben getroffen worden war. Verschiedene Brandherde waren entstanden, insbesondere auch in den Zimmern unserer im vierten Stock, also direkt unter dem Dachstuhl liegenden Wohnung. Andere Bomben waren im Dachgeschoß steckengeblieben.

Natürlich wurde sofort Feueralarm ausgelöst, und alle zu Löscharbeiten einsatzfähigen Personen strömten trotz Fliegeralarms nach oben. Wir Kinder aber mußten im Keller bleiben. Das frühzeitige Erkennen der Brandherde und das bereitstehende Löschzeug sorgten dafür, daß die Brände in unserem Haus relativ schnell unter Kontrolle gebracht werden konnten. Mit Feuerpatschen und nassen Tüchern an langen Stielen, in Wassereimer einzustellenden Handpumpen und auch Sand wurde den Flammen zu Leibe gerückt.

Besondere Schwierigkeiten bereitete beim Löschen das von einem Phosphorkanister getroffene Sofa in unserem Eßzimmer. Zwar konnten die Flammen zunächst erstickt werden, aber immer wieder flackerte das Feuer auf. Da schritt unsere Mutter zur Tat. Kurzerhand warf sie, mit Unterstützung von Nachbarn, das Sofa aus dem Fenster der vierten Etage, eine wahrhaft bewunderungswürdige Leistung.

Doch trotz der frühzeitig einsetzenden Bemühungen aller Hausbewohner konnte nicht verhindert werden, daß unser Eßzimmer ziemlich ausbrannte und die beiden anderen Vorderzimmer, insbesondere das Mittelzimmer, schwer in Mitleidenschaft gezogen wurden. Zu den Wasserschäden kamen noch Rauch- und Rußschäden hinzu. Die Bücher im Herrenzimmer waren völlig verrußt, selbst unter die Bilderrahmen war der Rauch gekrochen. Trotz allem waren wir aber noch mit einem blauen Auge davongekommen. Unsere Schlafräume blieben unversehrt. Wir hatten also unsere Bleibe, auch wenn es lange Zeit überall nach Rauch roch.

Als wir Kinder aus dem Keller durften, war das Schlimmste bereits vorüber. Unser Haus hatte den Angriff trotz des Brandschadens einigermaßen überstanden. Schlimm aber sah es direkt am Prager Platz aus. Die Häuser dort brannten zum Teil bis auf die Außenmauern nieder. Viele der Betroffenen standen frierend und zitternd davor und mußten den totalen Verlust ihrer Wohnung und ihrer Habe mit ansehen. Dabei flossen viele Tränen. Das waren Erlebnisse, die man sein Leben lang nicht vergißt. Die durch den Brand in unserer Wohnung verursachten Schäden wurden relativ schnell wieder beseitigt. Das war erstaunlich in dieser harten Zeit. Es machte zwar viel Umstände und dauerte seine Zeit, aber nach und nach wurde nahezu alles restauriert. Die völlige Fertigstellung erlebte ich jedoch nicht, da ich Mitte 1943 erneut zum Ernteeinsatz ging.

Viel Freude sollten allerdings meine Eltern an der wieder hergerichteten Wohnung nicht haben, denn am 16. August 1943 wurde das Haus durch Sprengbomben weitgehend zerstört. Nur das hintere Treppenhaus blieb bis in die vierte Etage stehen. So war alles Hab und Gut meiner Eltern schnell dahin. Auch unsere mit Mühe zusammengetragene Splittersammlung ging verloren. Nur gut, daß niemand zu Schaden gekommen war. Die Luftschutzkeller erwiesen sich letztendlich als Lebensretter. Als unser Elternhaus in Schutt und Asche sank, waren wir Kinder alle auf Kinderlandverschickung, Heiko und ich schon in Waly bei Kutno.

Berlin lag weiter im Bombenhagel. In der Nacht zum 19. November 1943 starteten die Briten eine Serie von Großangriffen auf die Reichshauptstadt. Bis zum 3. Dezember kamen 2212 Maschinen zum Einsatz, die eine Bombenlast von mehr als 8600 Tonnen über der Stadt abwarfen. Mehr als 2700 Menschen wurden getötet, 250 000 obdachlos. All das erlebten wir aus sicherer Entfernung, bangten aber mit unseren noch nicht betroffenen Lagerkameraden.

Erntehelfer stets willkommen

Im Saazer Hopfengebiet

Die Gastrollen, die ich zwischen den Aufenthalten in den verschiedenen KLV-Lagern bei meinen Eltern spielte, waren, wie bereits erwähnt, durch verschiedene Ernteeinsätze beschnitten. Erntehelfer waren in einer Zeit, in der die Landwirtschaft kriegsbedingt „Erzeugungsschlachten" schlug, stets willkommen, zumal fast alles Erntegut noch in schwerer Handarbeit geborgen werden mußte. Zudem war die Zahl der Landarbeiter durch Einberufung zum Militär stark dezimiert. Auf dem Lande eingesetzte Kriegsgefangene und Fremdarbeiter brachten hierfür nicht den erforderlichen Ausgleich.

Bereits 1941, als ich im KLV-Lager in St. Joachimsthal war, nahm ich zum ersten Mal an einem Ernteeinsatz teil, und zwar in den Sommerferien. Es dürfte Juli/August gewesen sein. Das ganze Unternehmen sollte etwa vier Wochen dauern, und wieder war es ein Start ins Ungewisse und damit ins Abenteuer. So packte ich das Notwendigste zusammen und machte mich auf die Reise. Es ging mit der Eisenbahn über Schlackenwerth (heute Ostrov) und Komotau (Chomutov) in Richtung Saaz (Zatec), das in Nordböhmen an der Eger, etwa 25 Kilometer südlich von Brüx (Most), liegt. Ich brauchte aber nur bis Horatitz (Horetice), einem kleinen Dorf mit eigener Bahnstation, etwa sieben Kilometer nördlich von Saaz, zu fahren. Hier befand ich mich im Zentrum eines damals deutschen, heute aber tschechischen Hopfenanbaugebietes. Die sanfte Hügellandschaft ist vom Klima sehr begünstigt, da sie im Windschatten des Erzgebirges liegt. Ich hatte es also von St. Joachimsthal aus gar nicht so weit.

Ich kam zu Paul Sattler (Name nicht verbürgt), der dort Ortsbauernführer war. Sein etwa 35 Hektar großer und somit für die dortigen Verhältnisse recht ansehnlicher Hof lag mitten im Dorf. Von Familie Sattler, die einen Jungen etwa in meinem Alter hatte, wurde ich gut aufgenommen. So ganz hart nahm man mich nicht heran, schließlich war ich erst 13 Jahre alt.

1940: Horatitz bei Saaz im Sudetenland (heute: Hořetice bei Zatec, Tschechische Republik).

Zunächst wurde ich gemeinsam mit dem Sohn beim Dreschen auf der Strohmiete eingesetzt. Wir hatten die Strohballen, die von der Dreschmaschine ausgespuckt wurden, zu einem Arbeiter weiterzubefördern, der kunstgerecht die Strohmiete aufsetzte. Die Dreschmaschine wurde über einen langen ledernen Treibriemen von einer Lokomobile angetrieben. Wir beide wurden ganz schön in Atem gehalten und waren gar nicht böse, wenn zwischen den angefahrenen Fudern mal eine längere Pause lag.

Hauptsächlich aber half ich bei der Hopfenernte, in der zur damaligen Zeit Maschinen noch unbekannt waren. Hier machte ich so meine Erfahrungen. Zunächst hatte ich den Auftrag, die etwa vier Meter hoch gewachsenen Hopfenranken vom Gerüst abzureißen. Dazu brauchte man schon ein gehöriges Maß an Kraft. Dann zeigte man mir das Pflücken. Am zweiten Tage wurde mir ein Scheffel, ein früher viel verwendetes Hohlmaß, in die Hand gedrückt, und ich durfte im Akkord pflücken. Und dabei mußte ich einiges an Lehrgeld zahlen.

Als völlig unzulänglich für diese Arbeit stellte sich meine Kleidung heraus. Ich hatte nur ein Turnhemd an, und so waren gleich am ersten Pflücktag meine Arme von den rauhen Hopfenranken total zerkratzt und brannten dementsprechend. Schnell wußte ich trotz der Wärme eine alte Jacke zu schätzen, deren Ärmel an den Handgelenken mit Schnur zugebunden wurden. Eifrig pflückte ich nun und drückte das Pflückgut dabei tüchtig zusammen, denn ich wollte auch was drin haben in meinem Scheffel. Der aber wollte einfach nicht voll werden.

Man staunte nicht schlecht, als ich ihn ablieferte und die Menge sich zeigte. Nachdem ich meine sauer verdiente Marke in Empfang genommen hatte, wurde ich aufgeklärt, daß man, will man im Akkord auch Geld verdienen, ganz behutsam mit dem gepflückten Hopfen umgehen mußte, damit er ja nicht im Scheffel zusammenfällt. Schon ein versehentliches Anstoßen mit dem Fuß konnte schädlich sein.

Sonst aber war das Hopfenpflücken eine recht lustige Sache. Da wurden Lieder gesungen, bei denen immer die ganze Gruppe in den Refrain einstimmte, und Witze erzählt, die teilweise recht eindeutig zweideutig waren. Manchmal wurde auch einer ermahnt, zu bedenken, daß da ein so junger Erntehelfer anwesend sei, dessen Ohren doch nicht alles mitbekommen müßten. Nach und nach gewann auch ich eine gewisse Routine beim Pflücken und konnte so manche Marke in Empfang nehmen, die am Ende meiner Einsatzzeit in bare Münze umgewandelt wurde. So ein Zusatztaschengeld war mir nur willkommen.

Nicht alles, an das ich mich erinnern kann, war angenehm. Bauer Sattler hatte eine große Menge junger Schlachthähnchen, die frei in einem Gehege herumliefen. Immer wenn Besuch kam, mußte ein Teil dieser Hähnchen das Leben lassen. Derartige Mitbringsel vom Lande waren in der damaligen Zeit jedem herzlich willkommen. Ich wurde beauftragt, diese Hähnchen nicht nur zu fangen, sondern auch mit dem Beil auf einem Holzklotz zu schlachten. Das war keine schöne Arbeit, und mitunter war ich mit Blut bespritzt. Einmal hielt ich ein Hähnchen nach dem Köpfen nicht fest genug. Es lief noch eine ganze Strecke ohne Haupt durch die Gegend. Daß man im Leben hin und wieder etwas machen muß, was einem nicht gefällt, das war die Lehre aus diesem Auftrag.

Ein besonderes Ereignis für das ganze Dorf war der erste Einsatz eines Mähdreschers auf dem größten Hof von Horatitz. Alle strömten dahin, um sich dieses neue Ungetüm anzusehen. Auch ich durfte dabei sein. Der Claas-Mähdrescher wurde von einem Lanz-Bulldog gezogen. Das Korn wurde maschinell in Säcke gefüllt, die immer zu viert von der Sackbühne aufs Feld geworfen wurden. In den Kurven kam der nebenher gezogene Kaffwagen dem Mähdrescher oft ins Gehege. Es gab so manche Störung. Aber die Entwicklung dieser Erntetechnik steckte noch in den Kinderschuhen.

Nach vier Wochen kehrte ich in unser KLV-Lager nach St. Joachimsthal zurück. Doch das sollte nicht mein letzter Ernteeinsatz gewesen sein.

Diesmal in der Neumark

Als Heiko und ich Ende September 1942 aus dem KLV-Lager Ahlbeck auf Usedom zurückkamen, fragte unser Vater sofort, ob ich mich denn schon freiwillig zum Ernteeinsatz gemeldet hätte. Da ich dies verneinte, erklärte mein Vater mit Nachdruck, wir wären im Kriege und da würde jede Hand zur Bergung der Ernte benötigt. Also meldete ich mich unverzüglich freiwillig und wurde kurze Zeit später, es muß Anfang Oktober gewesen sein, mit zwei mir bis dahin völlig unbekannten Jungen auf die Reise geschickt.

Diesmal ging's in die östlich der Oder und nördlich der unteren Warthe gelegene Neumark, die seit 1815 zur preußischen Provinz Brandenburg gehörte, 1945 aber an Polen fiel. Wir fuhren zunächst nach Königsberg, das heute Chojna heißt und zur Woiwodschaft Szczecin, dem ehemaligen Verwaltungsbezirk Stettin, gehört. Dort wurden wir von einem Pferdegespann abgeholt und zum 14 Kilometer entfernten Altenkirchen (heute Lukowice) gebracht. Eine hügelige Landschaft, die weitgehend akkerbaulich genutzt wurde, zog an uns vorbei. Dazwischen lagen immer wieder Kiefernwälder, darauf hindeutend, daß der anliegende Boden nicht von bester Qualität war.

Die Familie Hermann Pätzold (Name nicht verbürgt), der wir zugeteilt wurden, bewirtschaftete einen Ackerbaubetrieb von etwa 450 Morgen oder 112,5 Hektar, eine in dieser Gegend durchaus gängige Größenordnung. Es handelte sich keineswegs um einen Großbetrieb oder gar ein Gut, sondern um einen bäuerlichen Familienbetrieb, der mit Hilfe einiger zusätzlicher Arbeitskräfte gemeistert wurde. Wir drei wurden herzlich in Empfang genommen und bekamen ein Zimmer zugewiesen, in dem zwei Betten und ein Sofa standen. Durch Losentscheidung landete ich auf dem Plüschsofa, wo ich meine Beine etwas anziehen mußte, was aber meinen Schlaf kaum störte.

Schon am nächsten Morgen begann die Arbeit. Wir sammelten hinter der Haspel Kartoffeln in Körbe und schütteten diese in Kastenwagen aus. Mit uns zusammen arbeiteten vor allen Dingen sogenannte Fremdarbeiter, die aus Polen und Rußland stammten. Gespräche während der Arbeitszeit und auch sonst waren nicht möglich. So bildeten wir drei eine Gruppe für uns, die auch viel in der Freizeit zusammenblieb.

Mit der Verpflegung, die aus derber Hausmannskost bestand, war das so eine Sache. Morgens bekamen wir den als Muckefuck bezeichneten Malzkaffee, in den wir viel, viel Zucker taten. Dazu gab es Graubrot und jede Menge Sirup aus Zuckerrüben.

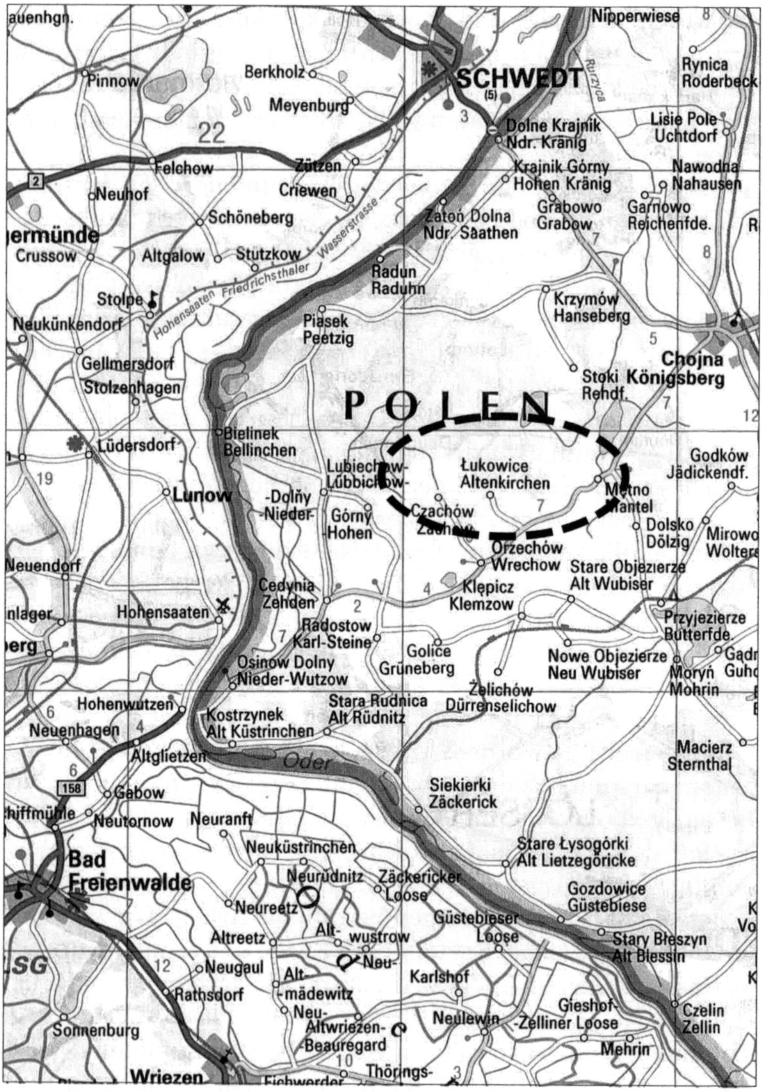

1942: *Altenkirchen bei Königsberg in der Neumark (heute: Łukovice bei Chojna in Polen).*

Das Sirupessen glich förmlich einer Schlacht: schnell den Löffel füllen, rauf aufs Brot und dann hinein in den Mund. Anschließend klebte alles.

Mittags gab's meist Durcheinander, wie hier der Eintopf hieß, sonntags auch Gulasch, Gemüse, Kartoffeln und Sauce. Alles wurde nur mit dem Löffel gegessen. Darüber verwunderten wir uns sehr. Als wir uns nun nach Messern und Gabeln erkundigten, erklärte uns Bauer Pätzold: „Wir essen nur mit dem Löffel, das schafft mehr!"

Rauh und reinlich ging's an den blankgescheuerten Holztischen zu. Wir brauchten uns über die Verpflegung wirklich nicht zu beklagen.

Als Ende Oktober die Kartoffeln geerntet waren, ging's in die Rüben. Die Nächte waren bereits empfindlich kalt, so daß morgens auf den Rübenblättern Rauhreif lag, der sich einige Zeit hielt. Da wurden nicht nur die Hände beim Ausziehen der Rüben eiskalt, sondern auch die Klamotten bis über die Knie naß. Es dauerte lange, bis sie wieder trocken waren. Diese Arbeit in den Morgenstunden war alles andere als angenehm. Da aber das Wetter sonst gut war, konnten wir auch dies verkraften.

Rübenroder kannte man zu dieser Zeit noch nicht. So wurden die Rüben mit der Hand herausgezogen, in Reih und Glied gelegt, dann mit einem scharfen Spaten geköpft, auf Haufen zusammengeworfen, anschließend auf Kastenwagen geladen und zur Miete gefahren. Da hatten die Pferde schwere Arbeit zu leisten, und gar manches Mal mußten wir beim Anfahren helfend in die Speichen greifen, zumal bei lockerem Boden.

Bei all der Arbeit blieb uns noch genügend Zeit, um durch die Gegend zu stromern. Da hatten wir drei so manches Erlebnis. Dafür sorgte vor allen Dingen ein Luftgewehr, das ein Junge von zu Hause mitgebracht hatte. Wir machten unsere Schießübungen am Waldesrand, wobei nicht immer nur die Scheibe unser Ziel war. Lange Zeit versuchten wir, Eichelhäher zu schießen, die in Mengen, ebenso wie Eichhörnchen, als die großen Warner an den Waldrändern lebten. Wir waren auf die blauschwarz gestreiften Federn scharf. Doch das Jagdglück war uns nicht hold.

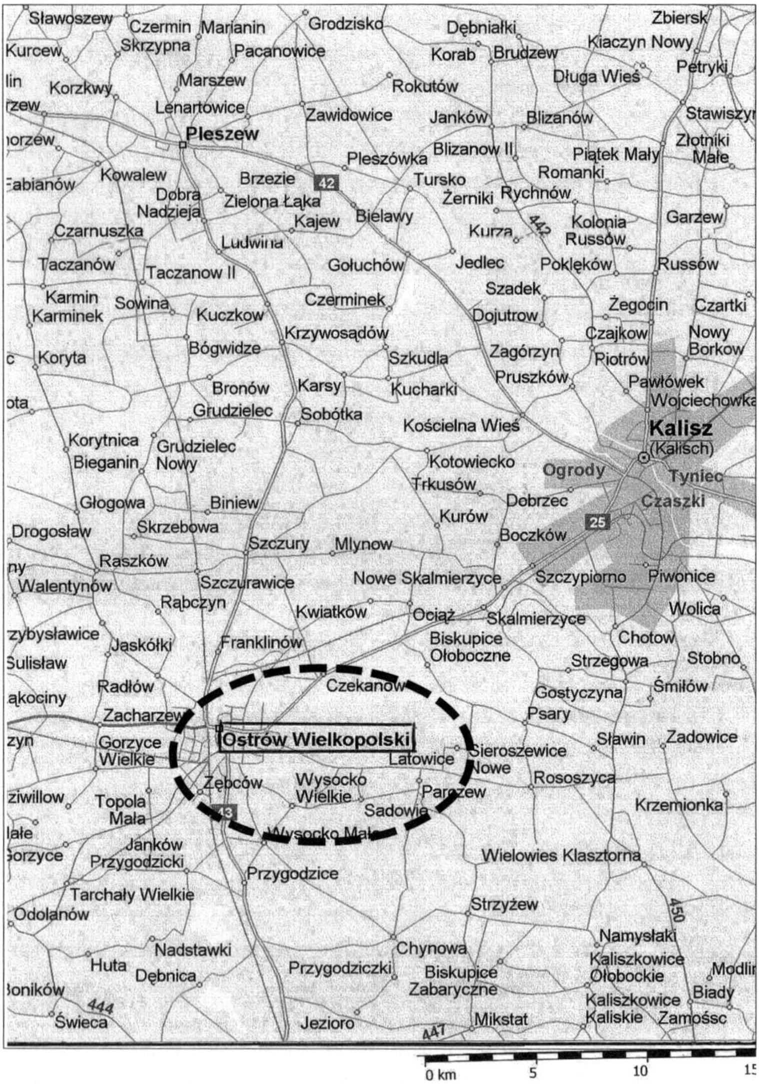

1943: Gut Gutow bei Ostrowo im Warthegau (heute: Ostrow Wielkopolski in Polen).

Schnell vergingen die Wochen. Mitte November kehrten wir nach Berlin zurück. Wir drei, die so gut zusammengehalten hatten, verloren uns schnell aus den Augen. Wir haben uns nie wieder gesehen. Kaum angekommen, ging's unverzüglich zur Schule.

Auf Gut Gutow bei Ostrowo

Im Jahre 1943 kam ich beim Ernteeinsatz noch weiter nach Osten. Ich landete auf dem Gut Gutow, nur wenige Kilometer von Ostrowo entfernt. Es umfaßte etwa tausend Hektar, was für die Verhältnisse im Warthegau eine durchaus übliche Größe war. Der Ackerbau großen Stils stand eindeutig im Vordergrund, vor allen Dingen der Anbau von Getreide und Kartoffeln.

Die Masse der Kartoffeln wurde in der gutseigenen Brennerei zu Spiritus verarbeitet, der als Treibstoff für die Vergeltungswaffe 1 (V1) dringend benötigt wurde. Die V1 war ein unbemannter, von einem Pulso-Triebwerk angetriebener Flugkörper, der ab Mitte Juni 1944 in rund 21 500 Exemplaren auf Ziele in England eingesetzt wurde. Das Gut Gutow betrieb aber auch Schweinemast und Milcherzeugung, die Kühe wurden jedoch nicht auf der Weide, sondern ganzjährig in Ställen gehalten.

Als höherer NS-Funktionär mit allerhand Gold um die Hakenkreuzarmbinde war der Besitzer des Gutes, Ewald Koch (Name nicht verbürgt), nur selten anwesend. Wohl bewohnte seine Familie mit vier Kindern das in einem Park gelegene Gutshaus, er selbst gab jedoch immer nur kurze Gastrollen. Die nutzte er dazu, mit seinem polnischen Verwalter, einem kräftigen, vierschrötigen Mann namens Srokka, die Arbeiten der nächsten Wochen durchzusprechen. Es lief alles zum Besten.

Zu dieser Familie kam ich nun Ende Juni 1943. Mit der Bahn fuhr ich nach Ostrowo und wurde von einem entfernten Verwandten – er hieß Jakob Pacyna und war Viehhändler in Ostrowo – mit einem Kutschwagen abgeholt, der von zwei Schecken gezogen wurde. Im Trab ging's zum Gutshof.

Zu Ostrowo, das heute Ostrow Wielkopolski heißt und zur Woiwodschaft Kalisz gehört, hatte ich eine besondere Beziehung, stammt doch die Familie Pacyna aus dieser bereits im 13. Jahrhundert erstmals erwähnten Stadt. Mein Großvater väterlicherseits, Carl Pacyna, war dort 1862 geboren worden. Er war zu Beginn des Ersten Weltkrieges Schulrat in Posen, wurde aber 1919, da er sich weigerte, die polnische Staatsbürgerschaft anzunehmen, vertrieben und landete schließlich in Wehlau/Ostpreußen, wo sich – wie berichtet – unsere ganze Familie zu seinem 80. Geburtstag noch einmal traf. So war es für mich nicht verwunderlich, in Ostrowo auf Verwandtschaft zu stoßen.

Von der Familie Koch wurde ich gut aufgenommen, bekam ein eigenes Zimmer und hatte vollen Familienanschluß. Woche für Woche wurde ich wie ein Eleve – so bezeichnete man gern Lehrlinge auf solchen Gütern – einer Arbeitskolonne zugeteilt. Diese auf ein Gebiet spezialisierten Kolonnen bestanden nur aus Polen und hatten jeweils einen Vorarbeiter, der mich unter die Fittiche nahm. Einige konnten gebrochen Deutsch. Zur Not verständigte man sich mit Zeichensprache. In dieser Zeit habe ich eine ganze Menge polnischer Wörter gelernt. Es waren nicht nur die besten Ausdrücke, die mir da beigebracht wurden.

Zur Betreuung der Kinder war bei der Familie Koch eine polnische Abiturientin namens Sophie dienstverpflichtet worden, die gut deutsch sprach, mit den Kindern des Gutsbesitzers aber auch oft polnisch redete. Der vielleicht erst dreijährige Erich hatte schon viel aus dem Polnischen aufgeschnappt, und wenn ihm irgendetwas nicht paßte, fauchte die kleine Kröte Sophie mit „Gupi Maupa!“ an, was zu Deutsch „Dummer Affe!“ heißt.

Eine Woche lang war ich dem Schweinemeister zugeteilt, der immer Beschäftigung für mich hatte, vor allem in der Futterküche. In deren riesigen Kesseln wurden hauptsächlich Kartoffeln gedämpft. Mit Getreideschrot vermischt, ergaben sie das richtige Mastfutter. Einige Schweine wurden separat gehalten und besonders gut gefüttert. Sie dürften über vier Zentner gewogen haben, und Rückenspeck von bis zu zwölf Zentimeter Dicke war damals noch begehrt. Diese Schweine waren für die Familie Koch bestimmt.

Wenn Fütterungszeit war, drang meist großer Lärm aus dem Maststall. Die Tiere kannten ihre Zeit sehr genau und machten mit viel Gequieke auf ihren Hunger aufmerksam. Dann fuhren wir von der Futterküche aus mit einem großen Wagen in den Stall und verteilten die Rationen an die Boxen, in denen jeweils zehn Schweine standen. Es wurden auch regelmäßig Gewichtskontrollen durchgeführt, eine Prozedur, gegen die sich viele Schweine sträubten und entsprechendes Spektakel veranstalteten. Natürlich mußten die Ställe auch ausgemistet und neu eingestreut werden. Zu allen Arbeiten wurde ich herangezogen.

Ein besonderes Erlebnis war für mich die Woche, in der ich der Pflügekolonne zugeteilt worden war. Ich durfte auf dem Felde einen Lanz-Bulldog mit einzylindrigem 42 PS starken Glühkopfmotor fahren, der noch Eisenreifen mit spitzen Greifzähnen hatte. Auf der Fahrt zum Feld mußten wir den „Sommerweg" benutzen, der neben der mit Kopfsteinen gepflasterten Straße – gern als „Katzenkopfallee" bezeichnet – lag. Nur so konnten Schäden vermieden, zumindest in Grenzen gehalten werden.

Auf dem Felde standen mindestens sechsscharige Schälpflüge, mit denen die Stoppeln der kurz vorher abgeernteten Getreidefelder gestürzt werden sollten. Drei Bulldogs waren zu dieser Arbeit eingeteilt. Kreisend zogen sie die Pflüge um ein riesiges Areal, und die Furchen schienen endlos. Die Maschinen arbeiteten in zwei Schichten. Zwischendurch wurden sie auf dem Felde aufgetankt, und weiter ging die Arbeit. Teilweise war der Boden schon so ausgetrocknet, daß der Schälpflug nur über ihn hinkratzte. Wir versuchten, dem abzuhelfen, indem wir Feldsteine, an denen kein Mangel herrschte, auf den Pflugrahmen legten, um ihn zu beschweren.

Nach acht Stunden Bulldogfahren, wobei ständig viel Staub aufgewirbelt wurde, kam die Ablösung. Da war ich nicht böse drum. Auf einem Lanz-Bulldog mit liegendem Ein-Zylinder-Motor wurde man ordentlich durchgerüttelt, zumal der eiserne Schalensitz nur über eine Federspirale abgefedert war. Verschwitzt und von Staub gepudert, freute ich mich auf die Dusche, die beim Gutshaus etwas abseits, aber offen nach allen Seiten, im Garten stand. Daß diese nur kaltes Wasser hergab, störte mich recht wenig.

Eine weitere Woche verbrachte ich bei der Dreschkolonne. Die Dreschmaschine stand auf freiem Felde und wurde – wie in Horatitz – von einer Lokomobile angetrieben. Ich wurde auf die Strohmiete verwiesen und mußte dort für den Weitertransport der Ballen sorgen, eine Arbeit, die ich schon kannte. Solche Einsätze empfand ich als öde, und ich will nicht behaupten, daß ich Spaß daran hatte. Doch eine Woche geht schnell vorbei, auch wenn sie damals noch sechs Arbeitstage hatte. Das Getreide wurde auf Gut Gutow übrigens noch mit pferdebespannten Mähbindern abgeerntet. Mähdrescher waren nicht vorhanden.

Mehr Abwechslung bot da schon die Woche bei den Kühen. Zwar brauchte ich nicht zu melken, ich konnt's auch gar nicht, aber früh wurde das Futter vom Felde geholt und dann den Kühen vorgeworfen. Es mußten die Ställe gemistet werden, wobei es der Oberschweizer sehr genau mit der Stapelung des Mistes nahm. Der Dunghaufen lag nicht von ungefähr mitten im großen Geviert der Wirtschaftsgebäude des Gutshofes, er sollte etwas darstellen. Er war der ganze Stolz des Oberschweizers, und so legte er selbst gern mit Hand an.

In der Woche danach wurde ich der Maurerkolonne zugeteilt, für die es auf Gut Gutow immer etwas zu tun gab. In den Wirtschaftsgebäuden wurden Umbauten durchgeführt, und ich lernte, ein Fundament mit einfachsten Mitteln zu legen. Da wurde im ziemlich festen Lehmboden ein Graben von etwa einem Meter Tiefe gezogen, mit Bruchsteinen möglichst dicht aufgefüllt und dann eine dicke Brühe aus abgelöschtem Branntkalk darüber gegossen, bis der Graben randvoll war. Nach ein paar Tagen war die Grundmauer verfestigt.

Stets war man darauf bedacht, angefallenes Abbruchmaterial wieder zu verwenden. So habe ich eine ganze Menge alter Ziegelsteine vom Putz befreien müssen. Neue Steine waren eine Rarität, zumal der Krieg nun schon fast vier Jahre dauerte. Sparsamkeit war oberstes Gebot. Daran hatte sich jeder zu halten.

Eine weitere Woche verbrachte ich bei den Zimmerleuten und in der Stellmacherei. Ich lernte so manchen Handgriff. Bei den Zimmerleuten, die gerade einen neuen Dachstuhl auf einem Stall errichteten, mußte ich vor allen Dingen krumm geschlagene Nägel wieder richten. Dabei entwickelte ich schon eine gewisse Fingerfertigkeit. Alles in allem kann ich nur sagen, daß die sechs Wochen auf Gut Gutow für mich lehrreich, interessant und abwechslungsreich waren. Zumindest bekam ich einen guten Einblick in den Gutsbetrieb.

Die Polen, mit denen ich während der ganzen Zeit zusammen gearbeitet habe, waren mir gegenüber eigentlich stets freundlich. Sie versuchten ständig, mir ihre Sprache näherzubringen. Ich wurde zur Arbeit angehalten, aber nie überfordert. Es waren alles recht bescheidene Leute, die mit ihren Familien in strohgedeckten Katen in der Nähe des Gutshofes wohnten. Sie hielten sich auch einiges Kleinvieh und mästeten ihre Schweine, zumal sie einen Teil ihres Lohnes in Form von Deputaten wie Getreide und Kartoffeln bekamen.

Die Familie Koch hielt zu den Polen einen klaren Abstand. Sie sah es auch nicht gerne, daß ich mich allzu freundlich mit den Polen unterhielt. Als man mich dabei beobachtete, mußte ich eine Ermahnung hinnehmen, die mich deutlich darauf hinwies, daß Polen nur Untertanen der Deutschen seien. Das waren mir bis dahin völlig abwegige Gedanken. Für mich waren sie Mitmenschen wie andere auch und nicht Menschen zweiter Klasse.

Wie unterwürfig aber die Polen sich teilweise verhielten, bekam ich zu spüren, als mich die Gutsherrin einmal mitnahm. Sie wollte einen Landarbeiter in seinem Hause besuchen, der beim Strohstapeln in der großen Scheune von der Leiter gefallen war und sich ein Bein gebrochen hatte. Frau Koch hatte einen Korb mit Nahrungsmitteln für die Familie mitgebracht. Als sie das Haus betrat, fiel die Frau des Arbeiters auf die Knie und küßte den Rocksaum der Herrin, was dieser aber nicht recht war. Auf dem Lehmboden der Diele tummelten sich übrigens die Hühner.

Wenn ich am Sonntag Lust hatte, und das war meistens der Fall, wurde für mich ein Pferd gesattelt. Ich durfte allein ausreiten, obwohl ich damals vom Reiten noch nicht allzu viel Ahnung hatte. Wenn ich so auf den Sommerwegen neben den mit Kopfsteinen gepflasterten Straße ritt und mir Polen begegneten, wichen diese sofort aus. Die Frauen machten tiefe Knickse und die Männer zogen die Kappen vom Kopf. Ich gehörte mit zur „Herrschaft“. Das war für mich völlig ungewohnt.

Sehr imponiert hat mir das „Kühlsystem“ im Gutshaushalt. Zwei- bis dreimal in der Woche wurde in aller Frühe Blockeis angeliefert, das aus einem dick mit Stroh ausgepolsterten Erdbunker geholt wurde. Der Vorrat an Eis wurde wintertags aus dem nahegelegenen See aufgefüllt. Die Eismiete war so gut isoliert, daß das Herrenhaus das ganze Jahr hindurch, selbst im heißesten Sommer, mit Eis versorgt werden konnte.

Von Gutow aus fuhr ich dann über Ostrowo direkt in das neue Kinderlandverschickungslager der Berliner Treitschkeschule nach Waly bei Kutno, wo ich etwa Mitte August als Nachzügler ankam.

Als Luftwaffenhelfer im Einsatz

Ebenso wie bei der „Erweiterten Kinderlandverschickung" bestanden anfangs, selbst in der NS-Regierung, Bedenken gegen den Einsatz von Schülern als Luftwaffen- bzw. Marinehelfer. Bereits im Wehrgesetz vom 21. Mai 1935 war allerdings festgelegt worden, daß im Kriege über die allgemeine Wehrpflicht hinaus jeder deutsche Mann und jede deutsche Frau zur Dienstleistung für das Vaterland verpflichtet ist. Und auch in der Notstandsverordnung vom 15. Oktober 1938 präzisierte der Gesetzgeber, daß zur Bekämpfung öffentlicher Notstände Bewohner des Reichsgebietes für eine begrenzte Zeit zu Notdienstleistungen herangezogen werden können. Über das Mindestalter war nicht debattiert worden.

Als im Herbst 1942 die deutschen Verluste an der Ostfront immer größer wurden, ordnete Adolf Hitler als Oberbefehlshaber der Wehrmacht an, daß die Luftwaffe 120 000 Soldaten an diese Front zu entsenden habe. Wo sollte der Ersatz dafür hergenommen werden? Hermann Göring, Oberbefehlshaber der Luftwaffe, schlug vor, Schüler der höheren und mittleren Schulen einzuziehen, soweit sie das 15. Lebensjahr vollendet hatten.

Einwände kamen insbesondere vom Reichserziehungsminister Bernhard Rust, der zu bedenken gab, daß durch diese Maßnahme Tausende junger Menschen den Facharbeiter- und akademischen Berufen verloren gingen. Er wog Vor- und Nachteile eines solchen Schrittes gegeneinander auf und wies auf die deprimierende Wirkung hin, die eine solche Regelung nicht nur auf die Eltern, sondern auf die gesamte Bevölkerung haben würde. Auch andere Minister meldeten Bedenken an. Selbst der Chef der Parteikanzlei, Martin Bormann, lehnte das Vorhaben zunächst ab, befürchtete er doch, daß die überstürzte Einziehung von Jugendlichen auf den Feind und das neutrale Ausland wie ein Fanal wirken werde.

Dennoch erließ das Innenministerium in Absprache mit der HJ-Führung am 25. Januar 1943 die Anordnung zum „Kriegshilfseinsatz der deutschen Jugend in der Luftwaffe". Die Mari-

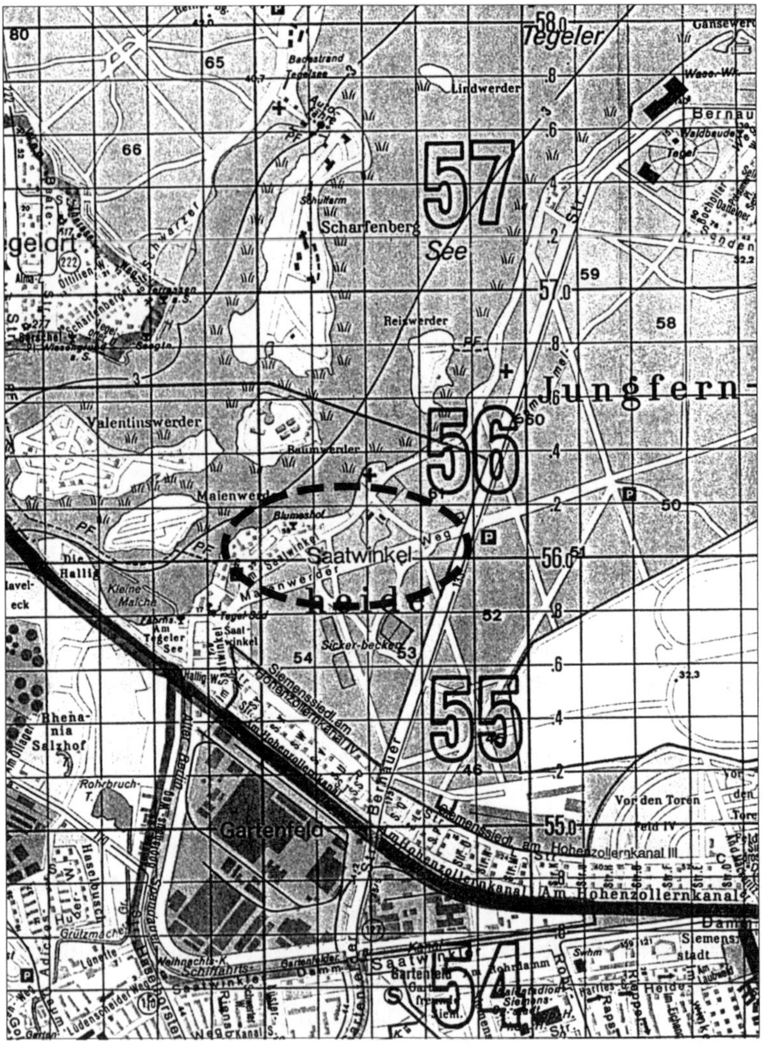

1943. Blumeshof am Tegeler See im nordwestlichen Berlin.

neflak wünschte ebenfalls, über ein Schülerkontingent verfügen zu können. Bereits Mitte Februar 1943 wurden die ersten Schüler der Jahrgänge 1926 und 1927 eingezogen.

Doch zurück zu mir. Im KLV-Lager Waly bei Kutno erreichte mich Ende 1943 der Einberufungsbefehl als Luftwaffenhelfer, LH abgekürzt und spöttisch gern mit „Letzte Hoffnung“ übersetzt. Es betraf fast alle Jungen aus unserer Klasse. Wir waren Schüler der 6. Klasse der Oberschule, der Untersekunda, was dem heutigen zehnten Schuljahr entspricht. Am 10. Januar 1944 sollten wir unseren Dienst in unserer Heimatstadt Berlin antreten, in deren Umgebung wir eingesetzt werden sollten.

Geschlossen brachen wir nach Berlin auf, ich aber reiste nach Neuruppin weiter, wo die Dienststelle meines Vaters lag und meine Eltern in einem möblierten Zimmer wohnten. Hier erreichte mich die Nachricht, daß sich der Einzugstermin auf den 26. Januar verzögere, da die Batterie, bei der wir Dienst leisten sollten, noch nicht in Berlin eingetroffen sei. Die so gewährte „Gnadenfrist“ nutzte ich, um noch einige Sachen aus der Küche unserer alten Berliner Wohnung zu bergen. Mit einem geräumigen Rucksack ausgerüstet, fuhr ich mehrfach dorthin und bahnte mir den Weg über das stehengebliebene hintere Treppenhaus bis zu unserer Wohnung im vierten Stock.

Es gelang mir, die Wohnungstür zu öffnen und bis zur Küche vorzudringen, deren Decke schräg herunterhing. Die Balken waren an der Seite zum Treppenhaus oben hängen geblieben und hatten ein „Dach“ über dem Küchenschrank und dem Kühlschrank gebildet. Ich kroch unter den Balken zum Schrank und entnahm ihm noch heiles Geschirr und auch Töpfe. Der Rucksack wurde gefüllt, und mit reicher Ausbeute fuhr ich nach Neuruppin zurück. Diese Unternehmungen brauchten aber viel Zeit. Sie waren in einem Tag nicht zu schaffen. So übernachtete ich meist bei meinem Freund Horst Drewitz, dessen Eltern in einer noch heilen Wohnung in Berlin-Friedenau lebten.

Zunächst am Heimatort

Am 26. Januar trat ich dann meinen Dienst als Luftwaffenhelfer an. Viele Klassenkameraden von der Treitschkeschule waren mit von der Partie, sollte doch der Unterricht nach der Ausbildung wieder aufgenommen werden. Wir kamen zur ersten Batterie der schweren Flakabteilung 217, die aus Königsberg in Ostpreußen kam und über sechs 8,8-cm-Geschütze auf Kreuzlafette verfügte. Diese Batterie lag in Blumeshof unmittelbar am Tegeler See zwischen den Borsig- und den Siemens-Schukkert-Werken, die unsere Hauptschutzobjekte waren.

In dieser Batterie taten seit Mitte 1943 bereits Luftwaffenhelfer des Jahrgangs 1927 aus Königsberg ihren Dienst. Sie waren, um die Feuerbereitschaft der Batterie während unserer Ausbildungszeit aufrechtzuerhalten, mit nach Berlin gekommen. Schon sechs Wochen nach unserer Einberufung kehrten sie in ihre Heimatstadt zurück. Mit einem der ostpreußischen Luftwaffenhelfer, Manfred Fischer, hatte ich mich angefreundet, eine Freundschaft, die, mit Unterbrechung, über Jahrzehnte bis zu seinem Tode hielt.

Nachdem uns der Batteriechef Oberleutnant Ottermann begrüßt hatte, wurden wir, wie bei der Einberufung zum Wehrdienst allgemein üblich, eingekleidet: vom Stahlhelm bis zu den Socken, vom Kochgeschirr über die Gasmaske bis zur Wolldekke, vom Eßbesteck über die Butterdose bis zur Ausgehuniform. Wir wurden in kleineren Wohnbaracken untergebracht, die verstreut in einem Kiefernwald lagen. Auf einer Lichtung stand die Batterie, jedes Geschütz von einem Erdwall umgeben, in dem sich auch die Munitionsbunker befanden.

Das war meine Erkennungsmarke.

Selbstverständlich bekam jeder seine Erkennungsmarke. Meine Eingravur lautete: A 90 1/SCHW. FLAK. ABT. 217. Das A war die Angabe meiner Blutgruppe, 90 meine Personennummer. Diese „Hundemarke" trug ich bis zum Ende des Krieges.

Als die Ausbildung begann, wurden wir Luftwaffenhelfer auf die Geschützstaffel und die Meßstaffel verteilt. Nach welchen

Unsere Batterie verfügte über sechs 8,8-cm Flak-Geschütze, die auf Kreuzlafetten montiert waren. An diesen wurde ich als Luftwaffenhelfer (hier in „Spitzenposition") ausgebildet.

Überlegungen das erfolgte, blieb uns völlig unklar. Ich landete jedenfalls bei der Geschützstaffel und wurde zum Höhen-Richtkanonier, K 1, ausgebildet, der allerdings in der Lage sein mußte, auch andere Richtkanonierposten wie Seiten-Richtkanonier, K 2, oder Zünder-Stellkanonier, K 6, zu übernehmen.

Die Grundausbildung war für uns interessant und gar nicht so anstrengend, wie man immer gehört hatte, obschon es nicht an Drill fehlte. Auf Sauberkeit wurde größter Wert gelegt, und gar mancher Kanonier begegnete den Luftwaffenhelfern recht kritisch, wuchs doch mit Fortschreiten der Ausbildung für ihn die Gefahr, von der Heimatfront an die wirkliche Front geschickt zu werden.

Im großen und ganzen wurden wir Luftwaffenhelfer, die ja, wie ich, teilweise noch nicht 16 Jahre alt waren, in der Batterie gut aufgenommen. In zahlreichen Gefechtsübungen wurden wir auf Vordermann gebracht. In der Geschützstaffel lernten wir, die nach groben Richtungsangaben von der Kommandozentrale kommenden Meßwerte auf die Geschütze zu übertragen.

Schon bald aber wurde aus den Übungen bitterer Ernst, auch wenn unsere Batterie in Blumeshof vergleichsweise wenig zum Schuß kam. Hin und wieder wurden einzelne von Scheinwerfern erfaßte Feindflugzeuge beschossen. Häufig aber gab es nachts Fliegeralarm, setzten doch die Briten ihre im November 1943 begonnene „Battle of Berlin“ fort, indem sie die Reichshauptstadt immer wieder massiv angriffen. Dann war die Nachtruhe dahin. Das machte uns allerdings relativ wenig aus. Kurz nach Abschluß unserer Grundausbildung mußten wir jungen Luftwaffenhelfer zeigen, was wir gelernt hatten. Ab Anfang März flog dann auch die US-Luftwaffe Angriffe auf Berlin.

Nicht lange, und wir Luftwaffenhelfer waren in der Batterie voll integriert. Das hinderte einige Kanoniere jedoch nicht daran, uns hin und wieder auf den Arm zu nehmen. Als wir dabei waren, die Erdwälle um die Geschütze zu verstärken, schickten sie mich mit einem Kameraden, zum Unteroffizier für Waffen und Geräte, kurzum WuG, den Böschungshobel zu holen, um die Wälle exakt begradigen zu können. Aus dem WuG für Waffen und Geräte wurde übrigens scherzhaft Wellblech und Gerümpel.

WuG-Unteroffizier Alfred Hennig, ein rundlicher, gemütlicher Typ, ging mit uns in eine Baracke und lud uns ein schweres eisernes Gestell auf, das wir eifrig zu den Geschützwällen schleppten. Zwei Mann waren dafür schon erforderlich. Dort angekommen, begann ein großes Gelächter, denn Unteroffizier Hennig hatte uns einen Rohrfeststeller angedreht, der zur Arretierung der Geschützrohre diente, wenn die Geschütze auf ihren Sonderanhängern transportiert wurden. Unwissend, wie wir waren, hatten wir uns ins Bockshorn jagen lassen, und obendrein durften wir den Rohrfeststeller auch noch zurückbuckeln. Andere fielen auf die „Seelenachse" für die Geschützrohre rein.

Den altgedienten Wachtmeistern, Unteroffizieren und Mannschaften fehlte es nicht an Ideen, die Neulinge auf das Glatteis zu führen – und das nicht nur im Winter. Manchmal hatte Unteroffizier Hennig ein Einsehen und schickte die Beauftragten mit dem Hinweis weg, das gewünschte Gerät sei bereits ausgeliehen.

So ging die Grundausbildung mit allerlei Abwechslungen schnell vorüber. Schon nach etwa fünf Wochen sollte der Unterricht beginnen. Doch daraus wurde nichts. Unsere Batterie wurde von Blumeshof auf den Sportplatz von Heiligensee im Nordwesten von Berlin verlegt. Alles mußte gepackt und verpackt werden, eine Mordsarbeit, die für den geplanten Unterricht keine Zeit ließ. Aber auch das standen wir durch, allerdings brauchten wir einige Zeit, uns an die neue Umgebung zu gewöhnen. Die Stellung lag in der Nähe von Wohnsiedlungen mit zahlreichen Einfamilienhäusern, die meist anderthalbgeschossig waren. Auch in Heiligensee mangelte es nicht an Fliegeralarm, doch zum Einsatz der Geschütze kam es kaum, zumal unser dortiger Aufenthalt nur kurz bemessen bleiben sollte.

Kaum hatten wir uns dort eingelebt, kam aus unerfindlichen Gründen ein erneuter Verlegungsbescheid. Es muß so Anfang April 1944 gewesen sein, als die gesamte Batterie auf Bahnwaggons verladen wurde. Es ging rund um Berlin herum, diesmal nach Freienbrink bei Erkner, also ganz im Südosten von Berlin. Unsere Stellung, besser das Gelände, auf dem wir Stellung beziehen sollten, lag direkt an der Spree, ein typisches Stück Brandenburgischer Streusandbüchse. Unsere Geschütze landeten auf

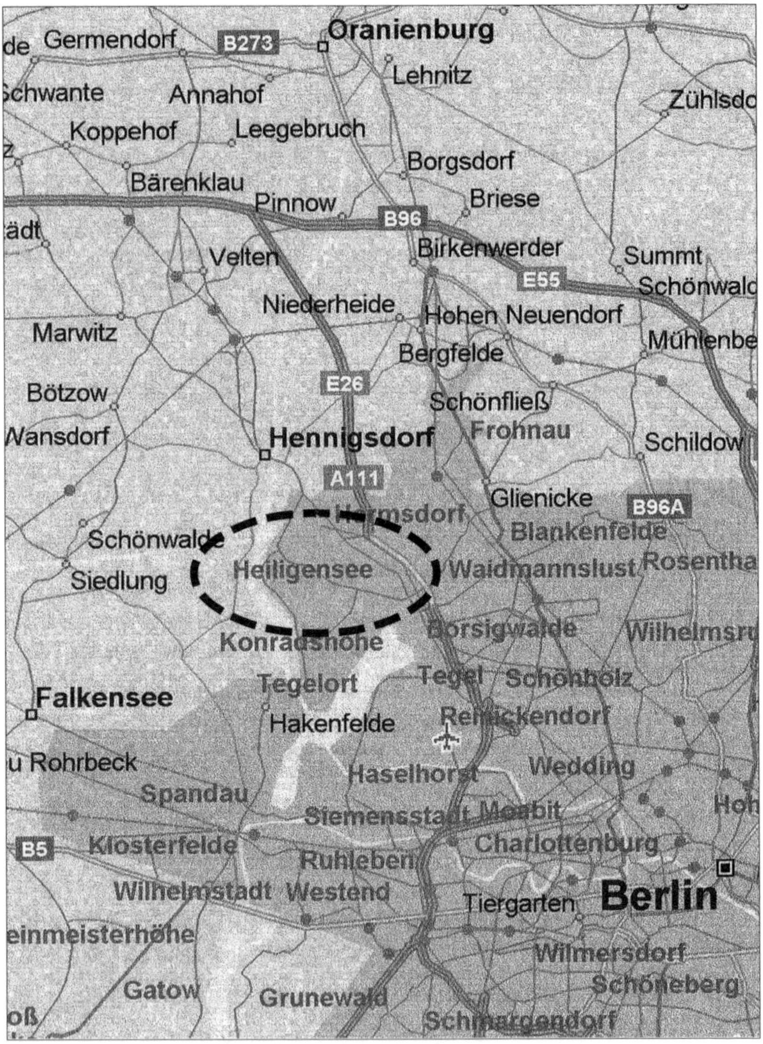

Heiligensee, nordwestlich von Berlin.

freiem Feld. Als vorübergehende Notquartiere wurden „Wohnkoffer“ aufgestellt.

Wir hatten nun zunächst die Aufgabe, unsere Geschütze mit Erdwällen zu umgeben. Bagger gab es nicht, also blieb uns nichts weiter übrig, als mit Schaufel und Schubkarre ans Werk zu gehen. So war für mehr als genug Arbeit gesorgt, an Unterricht gar nicht zu denken. Hier lernten wir Märkische Heide und Märkischen Sand so richtig kennen. Zunächst wurden die Geschütze mit ihren Kreuzlafetten etwa einen Meter unter Bodenniveau gestellt. Dafür mußten wir Gruben von etwa 40 Kubikmetern ausheben und mit Einfahrten versehen, und das für sechs Geschütze. Dann wurden aus dicken Balken und Brettern die Innenwände für die Erdwälle, einschließlich der vorgesehenen Munitionsbunker für 240 Schuß je Geschütz, aufgerichtet. Erst als die Innenwände standen, konnten die Wälle mit Sand aufgeschippt werden.

Und der Sand hatte es in sich. Seine hellgelbe Farbe leuchtete weit und bot jedem Aufklärungsflugzeug beste Gelegenheit, die Stellung schnell auszumachen. So kam folgerichtig der Befehl, die Wälle mit Grasplaggen abzudecken, die aus den nahegelegenen lichten Kiefernwäldern geholt werden sollten. Eine mit scharfen Spaten bewaffnete Kolonne wurde abgestellt, die Plaggen abzustechen und für den Abtransport zu den Geschützwällen vorzubereiten. Natürlich sollte möglichst viel gewachsener Boden mitgenommen werden, um wenigstens eine kleine Chance zu haben, daß die Plaggen anwuchsen. Andererseits waren die in den Boden gerissenen Löcher möglichst schnell zu tarnen, um den Aufklärungsflugzeugen, die immer wieder aufkreuzten, das Erkennen der neuen Stellung zu erschweren.

Endlos schien die Kolonne der Plaggenträger, die von oben sicherlich einer Ameisenstraße glich. Um uns die Schlepperei zu erleichtern, schlugen wir von dem gewachsenen Boden schon im Walde immer mehr ab, so daß wir größere Plaggen transportieren konnten. Schließlich brachten wir es auf fast zwei Quadratmeter, die von zwei Luftwaffenhelfern auf einer Stange aus dem Wald getragen wurden.

So waren die Wälle, viel schneller als erwartet, zwar abgedeckt, allerdings hätte ein Wunder geschehen müssen, daß die

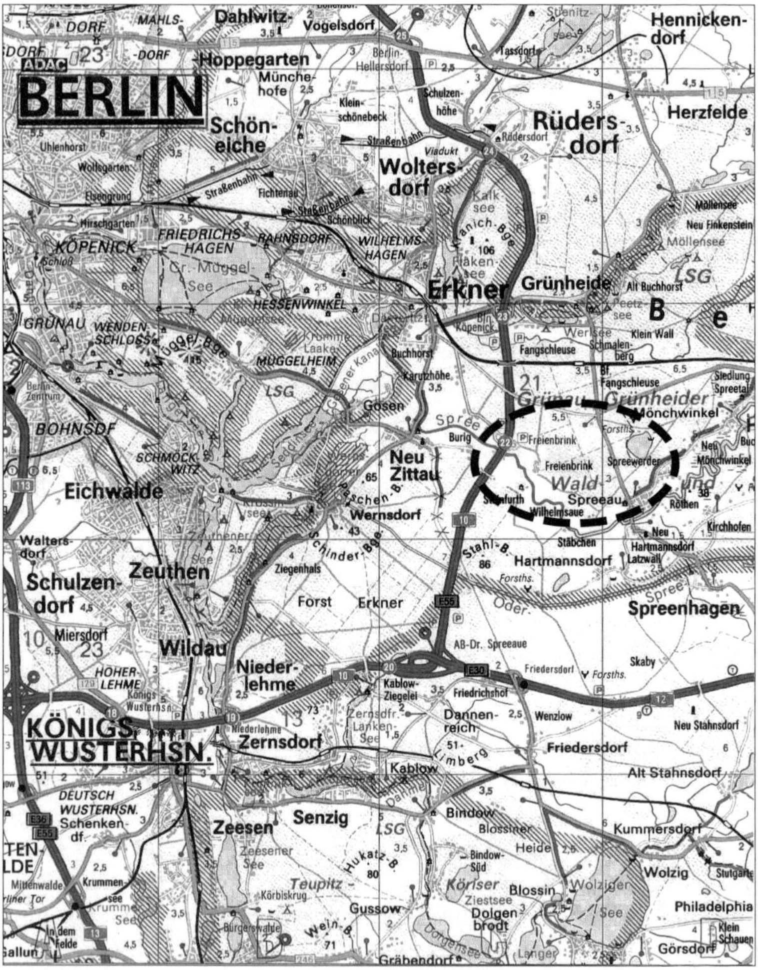

Freienbrink bei Erkner, südöstlich von Berlin.

Grasplaggen anwachsen. Und dieses Wunder blieb auch aus. Als das Frühjahr vorbei war und die Sonne unbarmherzig auf die Wälle brannte, trockneten die Soden mehr und mehr aus. Unsere Pfuscharbeit wurde offenkundig. Immer wieder wurden Nachbesserungen der Tarnung erforderlich. Plaggenersatz wurde zur gar nicht gern gesehenen Dauerbeschäftigung. Die anfängliche Bequemlichkeit zahlte sich nicht aus.

Doch nun etwas zu den „Wohnkoffern“, die uns in Freienbrink zunächst als Notunterkünfte dienten. Es handelte sich um Wohnwagen von rund sechs Meter Länge und zwei Meter Breite, die mit Sonderanhängern fahrbar gemacht werden konnten. Der Eingang war in der Mitte. Rechterhand stand in jeder Ecke ein dreistöckiges Bett, linkerhand nur in der einen Ecke, während auf der Seite neben dem Eingang, unter einem Wandspind mit zehn kleinen Fächern, ein Tisch stand. Dessen zweiteilige Platte konnte man aufklappen und an der Wand befestigen, und das zehnte Bett war fertig.

Zwischen den beiden „Dreistöckern“ an der dem Eingang gegenüberliegenden Wand befand sich ein weiterer, allerdings star-

In unserer dritten Stellung um Berlin, in Freienbrink bei Erkner, wurden jeweils zehn Mann in derartigen „Wohnkoffern“ untergebracht, die etwa 6 Meter lang, 2 Meter breit und 2 Meter hoch waren.

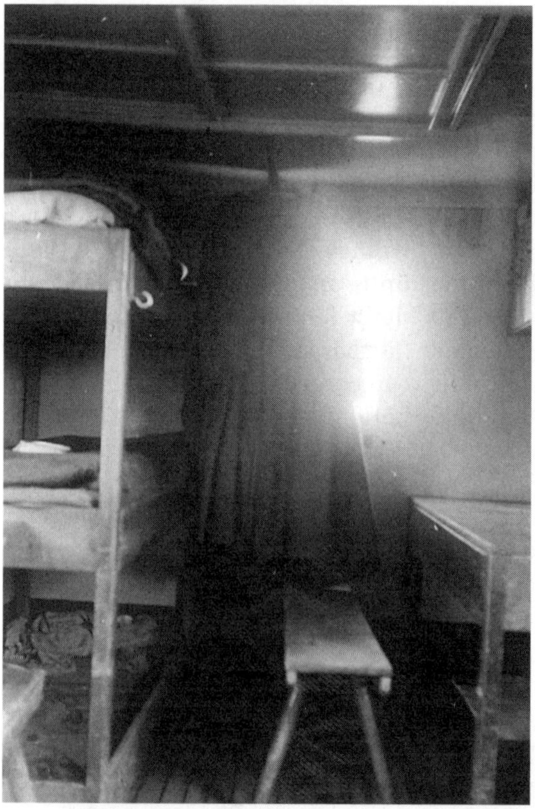

In den „Wohnkoffern" herrschte beängstigende Enge, insbesondere bei nächtlichem Fliegeralarm.

rer Tisch, über dem sich ebenfalls ein Wandspind mit zehn Kleinstfächern für unsere Eßsachen befand. Für unsere Uniformen, Mäntel, Jacken und Hosen waren an den Kopfenden zwischen den Betten, die nur etwa 60 Zentimeter breit und mit Strohsäcken „gepolstert" waren, Kleiderstangen angebracht. Unsere anderen Sachen mußten wir in den Rucksäcken lassen, die durch eine Luke im Dach der „Wohnkoffer" verstaut wurden.

Zehn Mann hausten also in solch einer Unterkunft. Die Enge war beängstigend, aber man gewöhnte sich daran. Besonders schlimm war es bei den so häufigen nächtlichen Fliegeralarmen. Wegen des Verdunkelungsgebotes durfte nur ganz spärlich Licht gemacht werden. Das Gedränge im schmalen Gang war furchtbar. Welch ein Glück, daß ich den zum Bett umfunktionierten

Tisch erwischt hatte und mich auf meinem Strohsack anziehen konnte.

Die „Wohnkoffer“ hatten außer der Enge einen anderen entscheidenden Mangel. Im April waren die Nächte noch recht kalt, doch in unserem Notquartier befand sich gleich links neben dem Eingang ein Kanonenofen, der dann tüchtig gestochert wurde. Die fast auf dem Wohnwagenboden schlafenden Kameraden der untersten Betten, die unter der Kälte besonders litten, freuten sich, daß es etwas warm wurde, aber schon bald machten die in den „Dreistöckern“ ganz oben schlafenden Kameraden Rabatz. Sie konnten es nämlich vor Hitze nicht mehr aushalten. Mit einem Schuß Wasser wurde nun das Feuer gelöscht, und der ganze Wohnwagen füllte sich mit Dampf und Qualm. So mußte die Tür aufgerissen werden, um frische Luft einzulassen.

In Freienbrink waren die Nächte durch häufige Alarme ebenso unruhig wie anderswo. Engländer und Amerikaner flogen zahlreiche Angriffe auf Berlin und belegten die Stadt mit Bombenteppichen. Unsere Batterie kam oftmals zum Schuß, insbesondere auch deswegen, weil ganz in unserer Nähe eine Spezialeinheit lag, die die Aufgabe hatte, die feindlichen Bomber zu irritieren. Sie imitierte die von den Bomberverbänden zur Zielmarkierung abgeworfenen, an Fallschirmen langsam niedergleitenden Leuchtkaskaden über freiem Feld, um so den Bombenhagel von der Stadt abzulenken. Doch immer dreister wurden die Angreifer, sie kamen selbst am hellichten Tage in großen Pulks.

Nach der Verlegung nach Freienbrink herrschte wegen des vordringlichen Ausbaus unserer Stellung zunächst allgemeine Ausgangssperre. Dennoch beantragte ich für den 29. April – an diesem Tag wurde ich 16 Jahre alt – Urlaub. Der Antrag wurde abgelehnt. Doch am Vorabend, so gegen 20.00 Uhr, hatte unser Spieß, Hauptwachtmeister Heino Thölstedt, ein gutmütiger, etwas rundlicher Gastwirt aus dem Oldenburger Land, nach Rücksprache mit dem Batteriechef ein Einsehen. Ich wurde zur Schreibstube beordert, die in einem Ausflugsrestaurant lag. Dort händigte mir der Spieß, die „Mutter der Batterie“, meinen Urlaubsschein aus. So schnell wie eben möglich, startete ich gegen 21.00 Uhr mit einem geliehenen alten Fahrrad, um die etwa sieben Kilometer lange Strecke nach Erkner zu bewältigen, wo ich in die S-Bahn steigen konnte. Es ging auf sandigen Pfaden durch ziemlich finstere Kiefernwälder, ein Unternehmen, das nicht ganz einfach war, zumal die Beleuchtung an meinem Fahrrad zunächst nur flackerte und schließlich ihren Geist ganz aufgab. Mehrfach wurde ich durch das Gekrächze von aufgescheuchten Raben oder Krähen erschreckt, bevor ich den Bahnhof Erkner erreichte, von wo mich eine S-Bahn zum Bahnhof Zoo im Zentrum Berlins brachte. Unterwegs versuchte ich, die Lichtanlage am Fahrrad zu reparieren.

Am Bahnhof Zoo erwischte ich gerade noch die letzte S-Bahn nach Oranienburg, der Endstation, die Neuruppin, dem Ziel meiner Reise, am nächsten lag. Gegen 1.00 Uhr traf ich dort ein und radelte dem etwa zwei Stunden entfernten Neuruppin entgegen. Ungefähr eine Fahrradstunde vor der Stadt fand ich eine Feldscheune, in der neben verschiedenen Geräten und Maschinen einige Ballen Stroh lagen. Hier legte ich mich zur Ruhe, deckte mich, so gut es ging, mit Stroh zu, legte aber meine Beine zur Sicherung über die Querstange des Fahrradrahmens. Ein Fahrrad war zu dieser Zeit wirklich ein Wertgegenstand. Mein Schlaf war kurz und wenig erholsam. Bereits gegen 5.00 Uhr machte ich mich wieder auf die Räder und traf etwa um 6.00 Uhr in Neuruppin ein.

Ich fuhr zur Landwirtschaftsschule, in der die Dienststelle meines Vaters untergebracht war. Dort hatte ich Glück, denn die Putzhilfe war schon in aller Frühe aktiv. So hatte ich Gelegenheit, mich etwas frisch zu machen. Das Fahrrad ließ ich im Keller einschließen, somit war es gesichert. Zu Fuß ging ich dann zu dem Haus, in dem meine Eltern ein möbliertes Zimmer hatten. Unterwegs pflückte ich noch einen Strauß am Feldrand. Es war noch nicht halb acht, als ich bei ihnen klingelte. Die Überraschung war perfekt und die Freude groß.

Trotz der vorangegangenen harten Nacht wurde es ein schöner Geburtstag, der jedoch von der unabänderlichen Notwendigkeit überschattet wurde, am frühen Abend die Rückreise anzutreten. So fuhr ich mit der Bahn, natürlich unter Mitnahme des Fahrrades, zum Bahnhof Zoo in Berlin. Die letzte S-Bahn Richtung Erkner erreichte ich gerade noch. Quer durch den Wald ging es zur Stellung in Freienbrink zurück. Daß ich am näch-

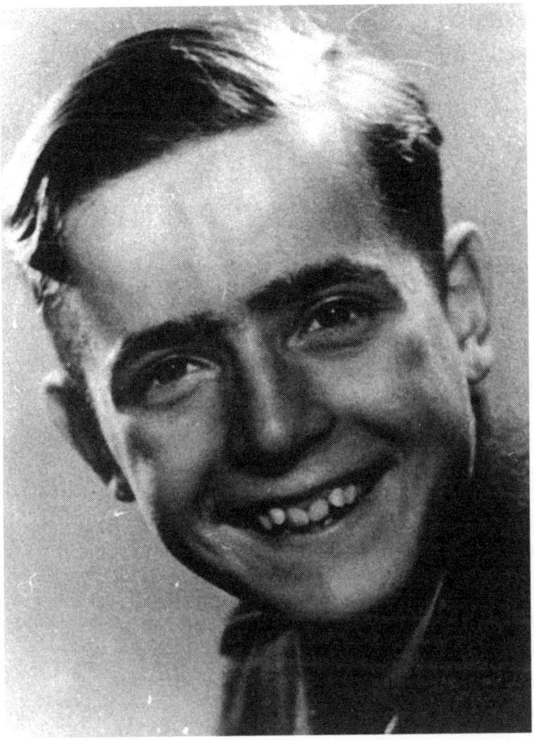

Das war ich, der Luftwaffenhelfer Hasso Pacyna, im Mai 1944, kurz nach meinem 16. Geburtstag.

sten Tage etwas spärlich aus der Wäsche guckte, hat sicherlich die wenigsten Kameraden verwundert.

Der märkische Sand, der allzu gerne vom Wind aufgenommen wurde, setzte in Freienbrink meinen Augen so zu, daß ich mehrmals mit Bindehautentzündung zum Revier mußte. Der Stabsarzt meinte schon, ich hätte ein chronisches Augenleiden. Nacht für Nacht verklebten meine Augen, und ich mußte sie jedesmal mit Kamillentee aufwaschen, sehr unangenehm insbesondere bei nächtlichem Alarm. Man verordnete mir eine Sonnenbrille mit Seitenschutz, aber auch das half nicht viel. Tatsache ist, daß das Augenleiden ganz schnell behoben war, nachdem wir Freienbrink und somit die „Streusandbüchse" verlassen hatten. Im Grunde genommen wühlten wir unablässig im Sand. Als endlich alle sechs Geschütze von Wällen umgeben waren, mußten gewaltige Gruben für die Wohnbaracken ausgehoben werden, schließlich waren unsere „Wohnkoffer" nur Notunterkünfte. Bei dieser Arbeit stießen wir eines Tages auf ein Urnenfeld. Es handelte sich um sogenannte Buckelurnen, die neben der Verzierung in mittlerer Höhe Buckel hatten. Die Arbeiten wurden in diesem Bereich sofort gestoppt. Aus Berlin kam ein Professor angereist, der den Fund begutachtete und betonte, daß derartige Urnen in dieser Gegend bisher nicht gefunden worden seien. Sorgsam wurden die Urnen geborgen. Sie sollen im Märkischen Museum in Berlin gelandet sein.

Oberleutnant Ottermann, unser Batteriechef, der stets darauf bedacht war, daß auf dem Batteriegelände Ordnung herrschte, hatte zu den Luftwaffenhelfern ein gutes Verhältnis. Aufregung herrschte, wenn sich höherer Besuch, etwa der Abteilungschef, angekündigt hatte. Dann sollten auch die letzten Ecken glänzen. Dies brachte dem Batteriechef den Beinamen „Eitel Ehrgeiz" ein. Ihm zur Seite stand als Stellvertreter Leutnant Wallkötter. Selbst noch jung, hielt er ziemliche Distanz zu den Luftwaffenhelfern.

Enger waren für uns von der Geschützstaffel die Beziehungen zu den Geschützführern. Das war für mich der Obergefreite Heinz Neumann, der aus unserer damaligen Sicht nicht der Schlausten einer war. So wurde er denn auch gern von uns auf den Arm genommen, was zum Teil zu sonderbaren Reaktionen führte. Völlig in Zorn gebracht, rief er eines Tages: „Die Garantie werd' ick Sie beweisen, ick geh' mit Sie bei Chef!" Ein anderes Mal stellte er entrüstet fest: „Watt, und Sie woll'n Abitur sein?!" Seine Drohung: „Warten Sie erst mal, wenn ick Unteroffizier bin!" wurde besonders beschmunzelt. Aber wenige Wochen später war er's.

Zu den übrigen Mannschaftsgraden hatten wir Luftwaffenhelfer guten Kontakt. Die meisten von ihnen waren nicht mehr gar so jung und konnten gut unsere Väter sein. Vielfach waren es Männer, die nur bedingt kv, für einen Einsatz an der Front also nicht oder nicht mehr geeignet waren. Eine Ausnahme bildete eigentlich nur die Gruppe der Ladekanoniere. Da unsere 8,8-cm-Geschütze von Hand geladen wurden, mußten sie kräftig und leistungsfähig sein. Bei steil stehendem Rohr war die Ladetätigkeit jeweils ein Kraftakt.

Oft führten wir mit den regulären Soldaten lange Gespräche, wozu die häufigen Fliegeralarme, die uns stundenlang an den Geschützen festhielten, ausgiebig Gelegenheit boten. Unter ihnen waren Handwerker, Landwirte und auch Fabrikarbeiter, die zu Hause ihre Familien hatten. Man konnte sich gut und vernünftig mit ihnen unterhalten, so daß die Gespräche für uns Luftwaffenhelfer ein Gewinn waren. Im Vordergrund standen dabei oft heimatliche Familienprobleme, während die Politik und der Krieg nur eine untergeordnete Rolle spielten. Doch wir Luftwaffenhelfer wohnten von den Mannschaften getrennt und bildeten eine eigene Gruppe, für die ein Unteroffizier einen besonderen Betreuungsbefehl erhielt.

Aus den unzähligen Gefechtsübungen wurde in Freienbrink bald bitterer Ernst.

Zu unserer Batterie gehörte außerdem eine etwa 20 Mann starke Gruppe hilfswilliger russischer Kriegsgefangener, oft als die „Hiwis“ bezeichnet. Sie waren stets in dunkelgrün gefärbte, ältere Militärklamotten gekleidet. Es waren robuste, kräftige Männer im besten Alter, die für alle schweren Arbeiten eingesetzt wurden. Sie schippten den meisten Sand, sie transportierten Munition, nicht nur wenn es galt, die Bunker wieder aufzufüllen, sondern auch bei Kampfeinsätzen. Alle wurden nur mit den Vornamen angeredet, ob sie nun Wassili, Dimitri, Iwan, Wanja oder sonstwie hießen. Sie waren gutmütig und auch hilfsbereit. Wir Luftwaffenhelfer haben immer wieder versucht, uns mit ihnen zu verständigen, obgleich es eine Anweisung gab, mit den Hiwis nur zu sprechen, wenn es unbedingt notwendig war.

Eine Arbeit, die sehr viel Zeit verschluckte, war das Putzen der Munition, die leicht eingeölt angeliefert wurde. Sehr schnell setzte sich der in unserer Stellung allgegenwärtige Sand darauf fest. Das aber durfte nicht sein, waren doch dadurch beim Schießen Hülsenklemmer zu befürchten, das heißt, daß nach dem Schuß die leeren Hülsen nicht automatisch ausgeworfen wurden, sondern mit dem Rohrputzer herausgestoßen werden mußten. Und dabei ginge zu viel Zeit verloren. Also stand das Putzen hoch im Kurs, besonders nach Gefechtseinsätzen. Mit vereinten Kräften wurden dann die Rohrputzer durch das Rohr gezogen. Und auch dabei halfen die russischen Gefangenen.

Nach und nach wurden die Baracken fertiggestellt, und es kam der Tag des Umzugs aus unseren „Wohnkoffern“. Ich hatte mich mittlerweile so an die Enge in der Notunterkunft gewöhnt, daß mir der Umzug gar nicht leichtfiel. Plötzlich hatten wir genug Platz und jeder seinen eigenen Spind, die Betten waren lediglich doppelstöckig und auch sehr viel breiter, Tische und Stühle separat. Es brauchte eine ganze Weile, bis ich mich an die neuen Verhältnisse gewöhnt hatte. Der Mensch ist eben ein Gewohnheitstier.

Die Baracken, die etwa einen Meter unter dem normalen Erdniveau lagen, waren von Sandwällen umgeben, die zusätzlichen Schutz bieten sollten. Die Pflege der neuen Unterkünfte nahm wesentlich mehr Zeit in Anspruch, zumal jede Menge Sand hineingetragen wurde. Gegen den galt es anzukämpfen. Da das

Ganze besenrein gehalten werden mußte, kam es schon mal vor, daß eine Diele aufgenommen und der ganze Schmutz unter die Baracke gekehrt wurde. Hin und wieder wurde die Bude kurzerhand unter Wasser gesetzt und das Schmutzwasser zur Tür hinausgefegt. Ein besonderes Kapitel waren die Fenster, die ständig verschmutzten und daher fast täglich geputzt werden mußten. Wasser und zerknülltes Zeitungspapier genügten hierfür.

Endlich – wir schrieben Mitte Mai – bot sich auch die Möglichkeit, die Luftwaffenhelfer wieder zu unterrichten. Unsere Betreuungslehrer waren Dr. Biedermann und Dr. Groß. Der Unterricht beschränkte sich jedoch auf wenige Fächer wie Deutsch, Latein, Mathematik, Geschichte und Erdkunde. Viel haben wir mit Sicherheit nicht gelernt, denn allzu häufig fiel der Unterricht aus, weil es nachts längeren Fliegeralarm gegeben hatte.

Wir Luftwaffenhelfer heckten so manchen Streich aus. Oftmals legten wir es darauf an, unsere Vorgesetzten auf die Palme zu bringen. Allmorgendlich nach dem Wecken kam der Unteroffizier vom Dienst (UvD), dem gemeldet werden mußte: „Alles wohlauf und gesund!“ Die Meldung erfolgte natürlich mit zum Gruß erhobenem Arm. Eines Morgens hatte unser Stubenältester ein feuchtes Handtuch um die Grußhand gewickelt. „Was haben Sie denn da?“ fragte der UvD. „Einen Mückenstich, Herr Unteroffizier!“ kam schnittig die Antwort, und allgemeines Gelächter erhob sich. Das brachte uns eine Stunde Strafexerzieren ein. Manchmal wurden wir nach einem Streich zum „Maskenball“ aufgefordert. „In fünf Minuten feldmarschmäßig antreten!“, „In drei Minuten im Turnzeug antreten!“, und so ging es weiter. Da wurden wir so richtig munter gemacht.

Die flotten Sprüche, die wir während der unfreiwilligen Liegestütze aufsagen mußten, habe ich heute noch im Ohr: „Ich bin gerne Soldat!“, „Ich will länger dienen!“, „Mit mir hat die Luftwaffe einen Fang getan!“ Dabei kam man ganz schön aus der Puste, insbesondere wenn man beim Hochkommen noch die Hände vor der Brust zusammenschlagen sollte. Doch bei allem Ärgernis gab es auch viel Spaß. Wir haben das alles gut durchstanden, und keiner blieb auf der Strecke. Für die Abwechslung sorgten wir meist selbst.

Unter den Luftwaffenhelfern gab es auch gewisse Rivalitäten. Die von der Geschützstaffel wurden von denen der Meßstaffel als zurückgeblieben betrachtet. Wer schon an der Vier-Meter-Basis stand, glaubte bereits, etwas Besseres zu sein. Eine gewisse, sich aber durchaus in Grenzen haltende Hochnäsigkeit stellte sich ein. Wir von der Geschützstaffel trugen es mit Fassung. Was sollte es auch?

Zur Befehlszentrale (B1) unserer Batterie zählte zum einen die Vier-Meter-Basis für die optische Erfassung der feindlichen Flugzeuge und deren Verfolgung, wo genaue Daten über Flughöhe, Flugrichtung und Entfernung erhoben wurden. Zum anderen verfügte unsere Batterie über ein Funkmeßgerät (Radar), das Feindflugzeuge über Funk anpeilte. Dies war vor allen Dingen in der Nacht von großer Bedeutung, wenn optische Vermessungen an Flugzeugen nur vorgenommen werden konnten, sofern sie von Scheinwerfern erfaßt worden waren. Das kam zwar ab und an vor, blieb aber dennoch selten.

Als wir Luftwaffenhelfer zur Batterie kamen, hatte der Gegner die Gefahr, die ihm von den Radargeräten drohte, bereits klar erkannt und nichts unversucht gelassen, diese zu stören. Als sehr wirksam erwiesen sich von Flugzeugen abgeworfene Stanniolstreifen, als Lametta bezeichnet, die langsam zu Boden flatterten und dabei die von den Radargeräten ausgehenden Strahlen reflektierten. So gelang es dem Gegner vielfach, die Meßgeräte von den eigentlichen Kampfverbänden abzulenken.

Am 21. Juni 1944 drangen über 2000 Bomber und Begleitflugzeuge der 8. US-Luftflotte am hellichten Tage, bei wolkenlosem Himmel, gewaltige Kondensstreifen hinter sich herziehend, bis zur Reichshauptstadt vor. Dabei kam unsere Batterie kräftig zum Schuß, da die Bomberverbände südlich um Berlin einen Bogen flogen, um dann von Südosten her anzugreifen. Unsere Stellung befand sich direkt unter der Haupteinflugschneise. Unsere Batterie traf einen Kampfbomber, der in einiger Entfernung brennend niederstürzte. Das war unser erster anerkannter Abschuß, der unsere Batterie berechtigte, die Rohre ihrer Geschütze mit einem weißen Ring zu zieren. Doch es war äußerst schwierig, die Abschüsse einer bestimmten Batterie zuzuordnen.

Meist schossen mehrere Batterien auf einen Bomberverband. Jede aber wollte möglichst viele Abschüsse auf ihr eigenes Konto verbucht haben.

Als die Stellung in Freienbrink endlich einigermaßen ausgebaut war, wurde im Casino hin und wieder auch gefeiert. Wir Luftwaffenhelfer bekamen davon, von der lauten Musik abgesehen, kaum etwas zu spüren. Über die Feste waren wir aber stets informiert, da Peter Kratzenberg, einer von uns, sehr gut Schifferklavier spielte und dann abkommandiert wurde. Im Casino ging's manchmal hoch her, mangelte es doch nicht an hochprozentigen Getränken. Leutnant Waldemar Wallkötter, der Stellvertreter des Batteriechefs, soll besonders gelitten haben; er vertrug wohl nicht allzu viel Alkohol, war oft am folgenden Tage verkatert und bot manchmal einen bedauernswerten Anblick.

An wenigen Sonntagen war es den Batterieangehörigen erlaubt, Besuch zu empfangen. Meist waren es Ehefrauen, aber auch Mütter und Väter, die aufkreuzten. Luftwaffenhelfer bekamen hingegen sehr wenig Besuch.

Ein einziges Mal verirrte sich in unsere Stellung bei Freienbrink eine Künstlergruppe zur Truppenbetreuung. Am Waldesrand wurde eine magere Bühne aufgebaut, und die ganze Batterie wanderte, jeder mit einem Stuhl bewaffnet, dorthin. Ein Zauberer zeigte seine Künste, und eine junge Frau, das zweite Mitglied der Gruppe, bot Tanz und Gesang.

Kaum hatte sich das Batterieleben normalisiert, kam ein neuer Befehl von der Abteilung. Es war etwa Mitte Juli. Diesmal sollten wir nicht nur die Stellung wechseln, sondern auch unsere Geschütze austauschen. Wir sollten von der 8,8-cm- auf 12,8-cm-Flak umsteigen. Das waren die schwersten Flakgeschütze, über welche die Luftwaffe überhaupt verfügte. Das Waffensystem der 12,8-cm-Flak unterschied sich so sehr von der kleineren, daß wir eine besondere Ausbildung erhielten.

Aus diesem Grunde wurde die gesamte Geschützstaffel nach Dortmund geschickt. Auf dem Güterbahnhof in Dorstfeld lag eine 12,8-cm-Batterie, deren Geschütze auf speziellen Eisenbahnwaggons montiert waren. Hier lernten wir unsere künftigen Geschütze, deren Ausmaße beträchtlich größer waren, kennen. Die Richtkanoniere standen beim Schießen nicht, wie bei den kleineren Geschützen, sondern hatten sattelartige Sitze. Die Geschütze wurden automatisch geladen, was den Ladekanonieren verständlicherweise gefiel.

Etwa drei Wochen dauerte die Ausbildung, während der wir manchen Angriff miterlebten. Dabei war es besonders gefährlich, weil die ausgeworfenen Patronenhülsen mit großer Wucht auf den gitterartigen Waggonboden schlugen und dann in unberechenbaren Winkeln wieder hochsprangen. Da hieß es sich sehr in acht zu nehmen, zumal das Gedränge auf den Plattformen durch die zusätzlichen „Lehrlinge“ recht groß war. Das Ruhrgebiet war damals eine von den Bombern häufig angeflogene Region, so daß wir nachts nur selten durchschlafen konnten. Manchmal verbrachten wir einen Angriff wohlgeschützt in den Luftschutzbunkern, in denen wir auch untergebracht waren.

Um den 10. August herum wurde unsere Batterie in Eisenbahnwaggons verladen und auf die Reise geschickt, von der niemand wußte, wohin sie gehen sollte. So registrierten wir die durchfahrenen Bahnhöfe, um wenigstens die grobe Richtung bestimmen zu können. Nachdem wir das Sauerland durchquert hatten, ging es über die Weser nach Einbeck, dann durch Thüringen. Unser Zug kam nur langsam vorwärts und mußte öfter in Tunneln halten. Spezialwaggons mit 2-cm-Vierlings-Flakgeschützen vorn und am Zugende sicherten den Transport, um eventuelle Tieffliegerangriffe abzuwehren. Zu dieser Zeit waren Tiefflieger über dem westlichen Teil Deutschlands zur ständigen Erscheinung und steten Gefahr geworden. Doch wir hatten Glück.

Drei Tage waren wir unterwegs und hatten auf der Fahrt manches Erlebnis. In Thüringen befuhren wir eine ansteigende Strecke, die unsere Lokomotive allein nicht bewältigen konnte. Zwar nahm sie mehrfach Anlauf, aber immer wieder drehten an einer Stelle die Räder durch, daß die Funken nur so sprühten. Die Strecke war völlig offen, wir hatten keinerlei Deckungsmöglichkeit. Mehr als drei Stunden mußten wir auf eine Zusatzlokomotive warten. Erst mit ihrer Hilfe konnte der Berg überwunden werden.

Bei Merseburg am Leuna-Werk

Weiter ging die Fahrt, und schließlich landeten wir in Halle an der Saale, in Sachsen. Aber Halle war noch nicht die Endstation. Erst in Merseburg war die Bahnfahrt endlich zu Ende. Wir verluden unseren Kram auf Lastkraftwagen und wurden in die Nähe von Kötzschen gebracht. Unsere neue Stellung lag etwa 1500 Meter vom Leuna-Werk entfernt, inmitten von Äckern mit Getreide und Zuckerrüben. Doch die Stellung war erst im Bau. Die Betonsockel für die Geschütze waren bereits gegossen, Geschütze fehlten noch. Die inneren Geschützwälle wurden aus Beton hochgezogen, ebenso die Munitionsbunker, die 240 Schuß des großen Kalibers aufnehmen sollten. Alles wurde in größter Eile fertiggestellt. Die etwa 2,20 Meter hohen Wälle bekamen eine Krone aus Ziegelsteinen.

Erst zwei Wochen später trafen unsere Geschütze ein, die mit Spezialkränen auf die Sockel gesetzt wurden. Mit dem Wechsel

Ab Mitte Juli wurde die Geschützstaffel in Dortmund auf 12,8-cm-Flakgeschütze umgeschult. Danach bezog unsere Batterie in Kötzschen bei Merseburg, unweit vom Leuna-Werk, Stellung.

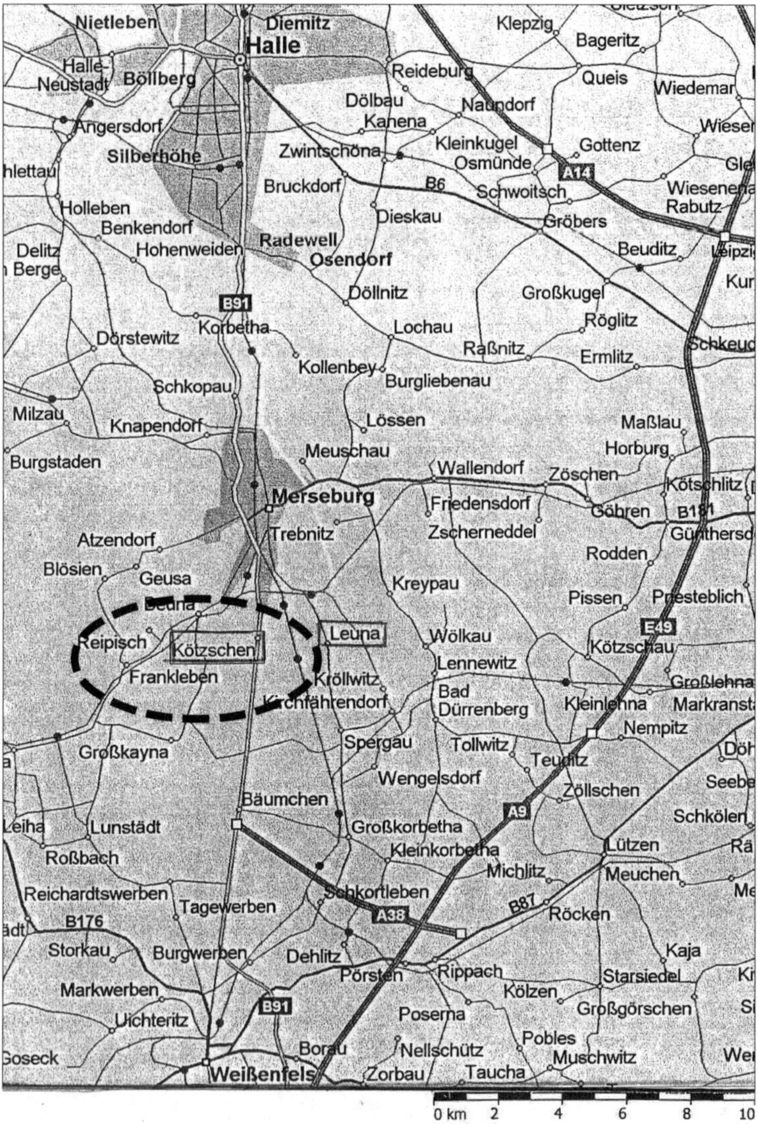

Kötzschen bei Merseburg, nahe am Leuna-Werk.

der Geschütze war militärorganisatorisch aus der 1. Batterie der schweren Flakabteilung 217 die 8. Batterie der schweren Flakabteilung 406 geworden. Uns scherte das wenig, zumal unsere Erkennungsmarken unverändert blieben. Wir hatten in unserer Batterie jetzt nur noch vier Geschütze, waren aber mit einer anderen Batterie zusammengeschlossen, die ebenfalls über vier Geschütze verfügte. Unsere Doppelbatterie wurde zum Schutz gegen Angriffe von Tieffliegern durch einen Zug mit 2,0-cm-Flakgeschützen ergänzt, waren wir doch nicht in der Lage, mit unseren Geschützen auf Tiefflieger zu schießen. Dafür waren unsere Kanonen zu schwerfällig.

Die Geschütze trugen Namen nach dem Alphabet. „Anton", „Berta", „Cäsar" und „Dora" hießen die Geschütze unserer Partner-Batterie, während wir über „Emil", „Frieda", „Gustav" und „Heinrich" verfügten. Ich gehörte zur Mannschaft von „Emil", Geschützführer war Unteroffizier Rudolf Schrader. Auch an dieser Kanone übernahm ich den Posten des Höhen-Richtkanoniers. An der 12,8 war das ein Kinderspiel, wurde doch die Einstellung nicht wie bei der 8,8 per Hand vorgenommen, sondern über hydraulisch gesteuerte Ölmotoren.

Als K 1 hatte man einen Kopfhörer und ein Kehlkopfmikrophon. So waren wir mit der Kommandozentrale verbunden. Meist übergab mir auch noch Geschützführer Schrader seinen Kopfhörer und sein Mikrophon, um sich freier innerhalb der Umwallung bewegen zu können. Die Feuerbefehle liefen dann über mich. Trotz der vielen Schnüre klappte es überwiegend sehr gut.

Bevor unsere Geschütze kamen, hatte ich noch die Gelegenheit, zum 82. Geburtstag meines Großvaters nach Wehlau in Ostpreußen zu fahren. Das war ein schwieriges Unternehmen, da ich über Breslau fahren mußte. Länger als zwei Tage dauerte die Anreise, doch ich war zum 20. August in Wehlau. Ich hatte nur zwei Tage Zeit. Fast ständig hörte man dort bereits das Grollen der Geschütze von der Front bei Gumbinnen, wo es den deutschen Truppen gelungen war, die anstürmenden Russen für längere Zeit aufzuhalten. Ständig fuhren Flüchtlingswagen durch die Straßen. Ganze Herden von Kühen wurden durch die Stadt getrieben, die laut muhten, da die prallen Euter ihnen Schmerzen bereiteten. Sie waren tagelang nicht gemolken worden.

Nach zwei Tagen trat ich die Rückfahrt an, die ich in Königsberg unterbrach, um Manfred Fischer in seiner Stellung zu besuchen. Er war dort als Luftwaffenhelfer noch im Einsatz. Die ganze Zeit seit seiner Rückkehr von Berlin hatten wir brieflich Kontakt gehalten, der erst am Ende des Krieges abriß. Nach sechs Tagen war ich wieder in unserer Stellung in Kötzschen.

Meinen Großvater sollte ich nicht mehr wiedersehen. Zwar gelang ihm unter ungeheuren Strapazen noch die Flucht aus Wehlau in Ostpreußen – seine Tochter Charlotte zog ihn im Schlitten über das Haff –, aber auch aus dem Zufluchtsort Stolp in Pommern, wo seine zweite Tochter Ilse tätig war, wurde er alsbald von den Polen vertrieben. Unterschlupf fand er schließlich bei einer seiner Nichten in Fahrland bei Potsdam. Doch hier verstarb er bereits am 5. November 1945, was ich erst sehr viel später erfuhr.

Das Leuna-Werk, unser Hauptschutzobjekt, war für die Kriegsführung von ungeheurer Bedeutung. Es stellte auf Braunkohlenbasis Benzin her. So war es nicht verwunderlich, daß Amerikaner und Engländer darauf bedacht waren, diese kriegswichtige Produktion auszuschalten.

Offensichtlich stand das Werk ständig unter feindlicher Beobachtung. Sobald auch nur einer der vielen hohen Schornsteine zu rauchen begann, wurde das Werk mit starken Bomberverbänden angegriffen. Alle fünf Tage konnten wir mit Bomberpulks rechnen, und vielfach kamen wir zum Schuß. Wir feuerten, was wir konnten. 60 bis 80 Schuß bei einem Angriff waren keine Seltenheit, einmal brachte es unser Geschütz sogar auf 156 Schuß.

Jeder Geschützführer war darauf aus, daß sein Geschütz bei einem Angriff möglichst viele Schüsse abgab, schließlich war dies auch ein Zeichen dafür, daß das Zusammenspiel der Mannschaft klappte. Aber dieser Ehrgeiz trieb mitunter sonderbare Blüten. Die 12,8-cm-Geschütze waren über einen dicken Kabelstrang mit der Kommandozentrale verbunden und in jeder Richtung höchstens zweimal um die eigene Achse drehbar. Weiter ging es nicht. So ergaben sich Situationen, in denen man gezwungen war, eine Feuerpause einzulegen, um die von der Zentrale vorgegebenen Werte wieder einstellen zu können. Die

Mannschaft von „Gustav", die von Unteroffizier Helmut Palm, einem sächsischen Original, befehligt wurde, feuerte einmal beim Zurückdrehen sechs Schuß in alle Himmelsrichtungen ab, nur um mit den anderen Geschützen hinsichtlich der abgegebenen Schüsse Schritt halten zu können. Ein zweifelhafter und teurer Ehrgeiz.

Noch problematischer als bei den 8,8-cm-Geschützen war bei unseren großkalibrigen Kanonen die Beseitigung der nach jedem Schuß ausgestoßenen Patronenhülsen während des Gefechts. Jede Feuerpause wurde genutzt, um diese aus der Umwallung zu bringen. Da die Hülsen sehr heiß waren, mußte man dazu dicke Handschuhe tragen. Hier hatten die Russen ein weiteres Betätigungsfeld. Wenn es eng wurde, beförderten sie die Hülsen direkt nach dem Abschuß im hohen Bogen auf die Umwallung.

In Kötzschen wurde recht schnell der Unterricht wieder aufgenommen. Dazu waren Dr. Biedermann und Dr. Groß abkommandiert. Sie wohnten im Ort, während der Schulbetrieb in einer der Baracken stattfand. Dieser litt mehr und mehr unter den Bedingungen, denn nicht nur in der Nacht, sondern zunehmend auch am Tage gab es Alarm.

Die feindlichen Bomberpulks wurden immer offensiver. Geschützt durch Jagdflugzeuge, flogen sie in großer Höhe, wo sie nur von den schwersten Flakgeschützen erreicht werden konnten, und diese waren direkt um das Leuna-Werk konzentriert. Wirksamer Beschuß war daher erst kurz vor dem Ziel zu erwarten. Und so kam es auch.

In den Bomberstaffeln mangelte es offenbar an Bombenschützen, die in der Lage waren, ein Ziel sicher anzupeilen und so für eine hohe Trefferquote zu sorgen. So flog mit jedem Pulk ein Leitflugzeug, dessen Bombenschütze durch den Abwurf einer Rauchbombe den anderen Bombern das Signal zum Abwurf ihrer brisanten Ladung gab. Die auf diese Weise niedergehenden Bombenteppiche hatten, sofern sie im Ziel lagen, verheerende Wirkung. Es handelte sich meist um 250-kg-Bomben mit gewaltiger Sprengkraft, die man am besten an der Tiefe der entstandenen Erdtrichter erkennen konnte. Es mangelte aber auch nicht an Blindgängern, Bomben, deren Zünder versagte, die nach den Angriffen von Spezialtrupps geortet und entschärft werden mußten.

Wurde das Leitflugzeug eines Bomberpulks erkannt, wurde es besonders aufs Korn genommen. Immerhin bestand eine gewisse Hoffnung, durch seinen Abschuß einen ganzen Pulk zum vorzeitigen Abwurf seiner tödlichen Ladung zu veranlassen. Dennoch gelang es den Bomberverbänden oft genug, ihr Ziel zu treffen. Dicke Qualmwolken über dem Leuna-Werk zeigten das allzu deutlich. Dann kehrten für uns einige Ruhetage ein, aber lange dauerte es zumeist nicht, bis aus einem der Schornsteine Rauch hochstieg und damit Signal gegeben wurde, daß die Produktion wieder angelaufen war.

Am 28. September 1944, als wir erst wenige Wochen feuerbereit waren, erlebte unsere Batterie einen ganz schwarzen Tag. Große Bomberverbände griffen am hellichten Tage bei bestem Wetter das Leuna-Werk an. Wir versuchten, durch Sperrfeuer das Schlimmste zu verhindern. Das veranlaßte einen Pulk, seine Bombenladung vorzeitig abzuwerfen – ausgerechnet über unserer Stellung. Die Befehlsstelle erhielt einen Volltreffer von

Am 28. September 1944 wurde die Befehlsstelle (B 1) unserer Batterie von einer 250-kg-Bombe voll getroffen, was verheerende Folgen hatte.

einer 250-kg-Bombe. Die Bombe traf das Radargerät und die sogenannte Umwertung, in der die Werte über die Bomberverbände, die vom Stab kamen, auf unsere Stellung umgerechnet wurden. Diese Bombe tötete nicht nur den Chef unserer Batterie, Oberleutnant Ottermann, sondern auch acht Soldaten. Von uns Luftwaffenhelfern kam keiner zu Schaden, obwohl von der Umwallung der Vier-Meter-Basis, die auch Luftwaffenhelfer bedienten, die Hälfte weggerissen wurde. Unter den Luftwaffenhelfern war auch Horst Drewitz, mit dem ich jetzt noch eng befreundet bin. Dr. Biedermann, der am Eingang einer Baracke stand und das Geschehen beobachtete, wurde von einem Bombersplitter tödlich getroffen.

Als wir von der Geschützstaffel zu Aufräumungsarbeiten abkommandiert wurden, bot sich uns ein Bild des Grauens. Die Toten wurden vor einer Baracke aufgereiht und mit Decken bedeckt. Mitten in den Trümmern fand ich ein abgerissenes Bein eines Soldaten und mußte nun unter den Toten den Besitzer suchen, eine Aufgabe, an die ich mich nur ungern erinnere.

Die Geschützstellung war bei dem Angriff glimpflich davongekommen. Zwar schlugen zahlreiche Bomben in unmittelbarer Nähe ein, keine aber traf dank der hohen Wälle ein Geschütz. Nur einen Verschütteten hatten wir zu bergen, den Russen Wassili. Er war als Munitionsträger eingesetzt, beim Angriff aber aus dem Geschützwall gelaufen und zwischen drei Bombeneinschläge geraten. Wie durch ein Wunder wurde er nicht von einem Splitter getroffen und konnte von uns unverletzt ausgegraben werden.

Bei diesem Angriff stürzte in nur wenigen hundert Metern Entfernung ein US-amerikanischer Bomber ab. Es handelte sich um eine viermotorige Boeing B 17, deren großes H auf der Finne zeigte, daß die Maschine zur 306th Bombgroup gehörte, die im Herbst 1944 zahlreiche Angriffe auf Raffinerien im Raum Merseburg flog. In den Trümmern des Bombers lag ein Teil der Besatzung, der sich nicht mit Fallschirmen hat retten können und so durch das Feuer an Bord bis zur Unkenntlichkeit verbrannt war. Dieser Abschuß wurde zwar unserer Batterie zuerkannt, aber Freude konnte da nicht aufkommen. Der Anblick der toten Feinde war nicht nur für mich, sondern für viele von

Wenige hundert Meter von unserer Stellung stürzte ein viermotoriges US-amerikanisches Bombenflugzeug ab. Ein Teil der Besatzung verbrannte bis zur Unkenntlichkeit.

uns ein harter Schock. Wir brauchten alle längere Zeit, um diesen zu überwinden.

Einige unserer Gefallenen wurden in ihre Heimatorte überführt, die anderen in Anwesenheit der ganzen Batterie auf dem Friedhof in Kötzschen mit allen militärischen Ehren beigesetzt. Als die Salutschüsse über die offenen Gräber hallten, ging uns jungen Kerle das alles ziemlich hart an die Nieren.

Die Batterie wurde von Oberleutnant Werner Rudolf Förster übernommen, einem flotten Offizier mit besonderen Allüren, an die wir uns erst gewöhnen mußten. Typisch für ihn war, daß er am Eingang seiner Wohnbaracke ein Schild „Radfahrer absteigen!“ aufstellen ließ. Damit meinte er Leute, die sich einzuschmeicheln versuchten, die wollte er nicht um sich haben.

Nach jedem Angriff mußte die Munition an den Geschützen wieder aufgefüllt werden. Das war ein gewaltiges Stück Arbeit, bei dem vor allen Dingen die Russen eingesetzt wurden. Unsere Reservebunker lagen in einer nahen Lehmgrube, so daß sie relativ geschützt waren. Auch in der Stellung in Kötzschen stand oft Munitionsputzen auf dem Programm. Doch war hier nicht der Sand, sondern Rost der große Feind. Hülsenklemmer sollten unbedingt vermieden werden. Also ging's mit Putzwolle eifrig ans Werk, bis es schließlich mit einem Öllappen den letzten Schliff gab.

Die Äcker um unsere Stellung, insbesondere in Richtung Leuna-Werk, waren mit zahlreichen Bomben-Blindgängern gespickt. Nach ihrer Entschärfung durch besondere Bergungstrupps wurden sie an den Wegrändern zum Abtransport bereitgelegt.

Wir hatten mittlerweile Baracken bezogen, die wieder etwa einen Meter unter dem Erdniveau lagen und von Wällen umgeben waren. Zwölf Mann teilten sich eine Bude. Gleich am Eingang war der Aufenthaltsbereich, in dem auch Unterricht abgehalten wurde. Dort stand ein Kanonenofen, der aber in der kalten Jahreszeit nicht ausreichte, um auch den hinteren Teil der Baracke zu erwärmen. Nicht selten bildete sich auf dem Wasch-

Hier handelt es sich um entschärfte 250-kg-Bomben, an denen zwei Klassenkameraden von mir, Klaus Prescher sitzend und Dieter Göbel, posieren.

wasser eine Eisschicht. Im großen und ganzen fühlten wir uns in unseren Behausungen wohl. Im Herbst bereitete uns jedoch der auf allen Wegen der Stellung stehende Schlamm manchen Kummer. Lattenroste, die wir zu Pfaden zusammenlegten, brachten zwar Entlastung, verhinderten aber nicht, daß die Sachen, insbesondere die Schnürstiefel, ständig verdreckten.

Die Verpflegung war gut und reichlich. Gar manches Mal gab es Sonderrationen. Bei den Luftwaffenhelfern war eine recht steife Milchsuppe besonders beliebt. Wir stellten uns beim „Essenfassen" in langer Schlange an, bekamen unseren Schlag ins Kochgeschirr, tranken die Suppe sofort aus, und schon standen wir erneut am Ende der Schlange, um einen Nachschlag zu ergattern. Aber auch sonst verstand es der Batteriekoch, gutes Essen zu zaubern. Sehr begehrt war bei den Luftwaffenhelfern die Kaltverpflegung, die meist aus Kommißbrot, Butter oder Margarine und etwas Wurst oder Käse bestand. Besonders mundete uns auf dem Kanonenofen geröstetes Kommißbrot, das fast immer dick belegt wurde. Wenn der Aufstrich verbraucht war, schmeckte eine geröstete Scheibe Kommißbrot auch mit etwas Salz. Eine große Vorratswirtschaft betrieben wir nicht, hatten wir doch damit schlechte Erfahrungen gemacht. Ohne Kühlschrank war uns anfangs manches verdorben. Da war alles im Magen am besten aufgehoben.

Obwohl wir Luftwaffenhelfer uns alle gut verstanden, fehlte es nicht an Frotzeleien. Wiederholt gelang es meinen Kameraden, mich auf Hochtouren zu bringen, indem sie mich mit dem Obergefreiten Hans Vigola, einem recht schmächtigen Mann mittleren Alters, verglichen. Und wenn sie mich so richtig aufgebracht hatten, rief mir Helmut Ey, ein Klassenkamerad, allzu gerne zu: „Kikakana Entschlackungskur!" Dann kühlte ich mich wieder ab. Es war gewißlich nicht immer einfach, so dicht in einer Behausung zusammenzuhocken. Da blieben kleine Reibereien nicht aus.

Wann meine Kameraden und ich zu Luftwaffenoberhelfern befördert wurden, ist mir nicht in Erinnerung geblieben. Wir bekamen lediglich einen Stempel auf unseren Personalausweis. Als Oberhelfer trugen wir eine etwa einen Zentimeter breite silberne Litze um die Schulterklappen, aber nur an den Ausgehuniformen, und nur beim Ausgang hatten wir übrigens die Hitlerjugend-Binde um den Arm. Sonst trugen wir einfache Militärklamotten im Luftwaffenblau oder auch Drillichzeug. Über unsere Schnürstiefel zogen wir kurze Gamaschen, „Hundedeckchen" genannt.

Von Kötzschen aus fuhr ich einige Male auf Urlaub nach Neuruppin. Als ich meinem Vater einmal erzählte, daß in unserer Batterie von Zeit zu Zeit Werber für die verschiedenen Waffengattungen und auch für die Waffen-SS aufkreuzten, riet er mir, mich sofort freiwillig zum Wehrdienst zu melden. Auf diese Weise könnte ich den Werbern entkommen, insbesondere denen der Waffen-SS. Offenbar hatte mein Vater erfahren, daß die Waffen-SS zu zahlreichen Sondereinsätzen herangezogen wurde und wollte so verhindern, daß ich zu dieser Truppe kam.

Also meldete ich mich bei dem in Neuruppin stationierten Artillerie-Regiment und wurde als Kriegsfreiwilliger und Offiziersanwärter registriert. Der Dienstantritt lag zwar noch in weiter Ferne, aber die mir übergebenen Papiere reichten völlig aus, um jeden Werber von der Aussichtslosigkeit seiner Bemü-

Sobald auch nur einer der Schornsteine rauchte, war das Leuna-Werk Ziel von Bomber-Verbänden. Großbrand nach einem Bombenangriff am hellichten Tage, aufgenommen von unserer Stellung aus.

hungen um mich zu überzeugen. Luftwaffenhelfer, die sich freiwillig gemeldet hatten, trugen eine rote Kordel um die Schulterklappen der Ausgehuniform.

Es war wohl November 1944, als bei einem nächtlichen Angriff auf das Leuna-Werk eine ganze Reihe von Luftminen mitten in Kötzschen einschlug. Diese Luftminen, die nur flache Trichter hinterließen und einen gewaltigen Luftdruck zur Seite entwickelten, hatten eine verheerende Wirkung. Nach Aufhebung des Fliegeralarms, bei dem wir zahlreiche Salven abfeuerten, wurden wir sofort zu Bergungsarbeiten in das Dorf geschickt.

Viele Häuser lagen in Trümmern, wobei besonders auffiel, daß bei den Einfamilienhäusern ganze Etagen weggepustet worden waren, während die Dächer dann auf den Trümmern lagen. Da es teilweise auch brannte und dabei stark qualmte, war die Suche nach Überlebenden sehr schwierig. Doch mancher konnte geborgen werden. Die meisten waren schwer verletzt. Aus einem Haus zogen wir Luftwaffenhelfer die Leiche eines etwa zwölfjährigen Mädchens. Hier kam jede Hilfe zu spät. Dieser Einsatz, der bis zum Morgengrauen ging, setzte uns schwer zu, vor allem der Tatbestand, daß die Zivilbevölkerung durch den Krieg so zu leiden hatte.

Bei einem anderen Angriff auf das Leuna-Werk, wohl auch im November, wurde unsere Batterie beim Beschuß auf die über uns fliegenden Bomberverbände von Tieffliegern aufs Korn genommen, gegen die wir mit unseren Geschützen nichts ausrichten konnten. Zwar versuchten die Kameraden an den 2-cm-Vierlings-Flakgeschützen ihr bestes, konnten jedoch nicht verhindern, daß unsere Stellung mit Splitterbomben eingedeckt wurde. Diese explodierten glücklicherweise zwischen den Geschützwällen und richteten nur geringen Schaden an. Ein Splitter drang aber in die Umwallung unseres Geschützes ein und verwundete den Seiten-Richtkanonier. Ihm wurde die Wade durchschlagen, er verlor viel Blut, bevor ihm das Bein abgebunden wurde. An der Front hätte man mit Sicherheit von einem „Heimatschuß" gesprochen, einer leichten Verwundung also, die nach relativ kurzem Lazarettaufenthalt Heimaturlaub zur Folge hatte.

Am 28. November 1944 wurde mir, zusammen mit den meisten meiner Kameraden, das Flaktätigkeitsabzeichen verliehen, ein Stoffabzeichen, das kund tun sollte, daß der Träger aktiv in einer Flakbatterie bei zahlreichen Angriffen mitgewirkt hat. Auch dies wurde lediglich an der Ausgehuniform getragen. Die Verleihung mußte aber im Personalausweis eingetragen sein.

Es war wohl Anfang Dezember 1944 – wir hatten spätherbstliches Wetter –, als mich unser Spieß, Heino Thölstedt, in die Schreibstube beorderte. Er erteilte mir den Auftrag, unserem Batteriechef, der gerade einen kurzen Erholungsurlaub an der Bleiloch-Talsperre bei Plauen im Vogtland verbrachte, ein Paket zu überbringen. Also machte ich mich auf die Reise mit der Bahn. Das war zu dieser Zeit nicht ganz ungefährlich, weil Tiefflieger immer wieder Züge angriffen. Die auf angehängten Waggons mitgeführten 2-cm-Flakgeschütze nutzten da nicht viel.

Es war eine recht lange Fahrt bis zur Bleiloch-Talsperre, doch das Wetter war herrlich. Mit meinem Batteriechef machte ich eine lange Wanderung um den Talsperrensee. Die Staumauer war durch zahlreiche Fesselballons geschützt. So ließ es sich aushalten. Leider vergingen die Stunden wie im Fluge. Spät abends kehrte ich in die Stellung nach Kötzschen zurück. Was nun in dem Paket war, habe ich nicht erfahren. Böse Zungen behaupteten, der Chef hätte einen neuen Schlafanzug gebraucht und zudem wohl Langeweile gehabt. Mir war's einerlei, hatte mir doch die „Dienstreise" willkommene Abwechslung gebracht.

Es dürfte im Dezember 1944 gewesen sein, als während eines Luftangriffs unser Nachbargeschütz „Heinrich" durch einen Rohrkrepierer ausfiel. Die Granate explodierte mit lautem Knall direkt am Rohransatz, zerriß das gewaltige Rohr des 12,8-cm-Geschützes, das über die beiden Richtkanoniere herabfiel, mit der Mündung aber auf der Umwallung aufschlug. Der Rohrvorholer, der oberhalb des Rohres angebracht war und sicherlich 200 Kilogramm wog, flog im hohen Bogen über unser Geschütz hinweg und landete im Acker. Zum Glück gab es nur einen Schwerverletzten. Es war der Höhen-Richtkanonier, also mein „Amts"-Kollege.

Zunächst konnten wir, da wir weiter Schießbefehle von der Kommandostelle erhielten, das Ausmaß des Geschehens nicht erkennen. Es stiegen zwar Rauchwolken auf, aber das Getöse des Gefechts übertönte alles andere. Der Brand wurde jedoch schnell gelöscht, so daß es nicht zu weiteren Explosionen von Patronen in den Munitionsbunkern kam.

Wie hatte das Unglück passieren können? Diese Frage interessierte nicht nur unsere Batterieführung, sondern den ganzen Stab unserer Flakabteilung, die in Frankleben lag. Handelte es sich um einen Sabotageakt? War die Munition bewußt auf eine Sofortexplosion präpariert worden? Es gab langwierige Untersuchungen. Zunächst wurde festgestellt, daß in die zerfetzte Hülse als Kennzeichen des Herstellers und Fabrikationsortes ein „guv“ in etwa ein Zentimeter Größe eingraviert war. Es folgte der Befehl, alle Patronen mit dieser Kennzeichnung herauszusortieren, ein Unterfangen, das viel Arbeit bedeutete. Schließlich wogen unsere Patronen etwa 40 Kilogramm. Jeder einzelne Schuß mußte herausgenommen und untersucht werden.

So begann das große Sortieren. In einer anderen Batterie war ebenfalls ein Rohrkrepierer aufgetreten. Dessen Hülse trug aber die Kennzeichnung „vbg“. Also mußten auch diese Patronen auf die Seite gelegt werden. Dann wurde angeordnet, alle Patronen deutlich sichtbar mit den Kürzeln zu beschriften. Das wurde mit Kreide gemacht, ein Fehler, wie sich herausstellte. Die Kreide zog Wasser an, wodurch es auf den Patronenböden munter zu rosten begann. Rost war aber unbedingt sofort zu beseitigen. Die Kennzeichnung wurde dann mit Ölkreide erneuert.

Während dieser Sortierzeit bekam unsere Batterie teilweise Feuerverbot. Wir durften also nicht schießen, auch wenn das Leuna-Werk angegriffen wurde. Als ob die Alliierten über dieses Feuerverbot unterrichtet waren, starteten sie prompt einen Angriff. Wir durften das „Spiel“ nur aus Deckungslöchern, die wir uns im freien Feld graben mußten, beobachten, obwohl wir gerne geschossen hätten.

Sehr schnell wurde der explodierte „Heinrich“ abgebaut und durch ein nagelneues Geschütz ersetzt. Dieses mußte allerdings noch eingeschossen werden. Wichtig war vor allem die Anfangsgeschwindigkeit der Granaten. Deshalb wurde ein V-Null-Schießen durchgeführt, was hieß, einige Granaten durch in der Nähe installierte Rahmen zu schießen. Auf elektronische Art und Weise wurde dabei die Anfangsgeschwindigkeit ermittelt.

Im Dezember 1944 explodierte das Geschütz „Heinrich" unserer Batterie durch einen Rohrkrepierer. Zum Glück war nur ein Schwerverletzter zu beklagen.

Zu Beginn des Jahres 1945 kamen zu unserer Batterie neue Luftwaffenhelfer, da die Ältesten von unserer Gruppe zunächst zum Reichsarbeitsdienst und dann direkt zur Wehrmacht eingezogen worden waren. Der „Nachschub" bestand aus Lehrlingen des Jahrgangs 1928. Sie stammten alle aus Sachsen, was ihre näselnde Sprache deutlich verriet, und kamen aus den verschiedensten Berufen. Besonders freundete ich mich mit Erhard Preißler, einem Landarbeitslehrling, an, der ebenfalls in der Geschützstaffel eingesetzt wurde. Diese Freundschaft hält, obwohl wir uns Ende Juni 1945 aus den Augen verloren und erst im Winter 1949/50 wieder trafen, schon über Jahrzehnte.

Im Januar gab es noch eine Abwechslung. Beim Stab unserer Flak-Abteilung, die von Major der Reserve Anton Anthony –

von uns kurz „Anthony“ genannt – geleitet wurde, diente ein Leutnant von Oppen, dessen Familie in Pommern untergeschlüpft war. Den Namen des Ortes habe ich vergessen. Günther Stuckmann und ich bekamen nun den Auftrag, dessen Frau und die beiden noch sehr kleinen Kinder auf das Gut einer verwandten Familie in der Nähe von Halle zu holen. Als wir mit dem Zuge fuhren, träumten wir davon, endlich einmal in dikken Federbetten schlafen zu können. Tatsächlich wurden wir an der Bahn von einem Kutscher abgeholt, der uns wegen der herrschenden Kälte in dicke Decken gehüllt zum Gutshof fuhr.

Wir beide waren aber schnell ernüchtert, als wir im Herrenhaus eintrafen. Es wimmelte nur so von Menschen, alles Flüchtlinge aus dem Osten. Jedes Zimmer war voll belegt, und wir schliefen schließlich in jeweils zwei zusammengestellten Sesseln, die auf einem Flur standen. Schon am nächsten Morgen traten wir die Rückreise an. Wir hatten zahlreiche Koffer zu transportieren und zudem der Frau und den Kindern beim Umsteigen zu helfen. Das Unternehmen glückte reibungslos, und wir lieferten die Familie in der Nähe von Halle ab. Zum Dank wurden wir von den neuen Gastgebern der Familie von Oppen mehrmals eingeladen. Auch das war jedesmal eine angenehme Abwechslung gegenüber dem Batterieleben.

Am 5. Februar 1945 wurden beim Morgenappell einige Soldaten und auch Luftwaffenhelfer für ihren Einsatz ausgezeichnet. „Im Namen des Führers und Obersten Befehlshabers der Wehrmacht“ verlieh mir der Kommandierende General und Befehlshaber im Luftgau III, General der Flakartillerie Göttmann, das „Kriegsverdienstkreuz 2. Klasse mit Schwertern“. Ich gebe unumwunden zu, stolz auf diese Auszeichnung gewesen zu sein, die ich als Sechzehnjähriger erhalten hatte. Günther Stuckmann bekam das Eiserne Kreuz 2. Klasse.

Unvergeßlich wird mir und meinen Kameraden der 13. Februar 1945 in Erinnerung bleiben. Wir hatten herrlich klares Winterwetter, als starke Bomberverbände, dicke Kondensstreifen hinterlassend, über unsere Stellung hinwegflogen, ohne aber das Leuna-Werk anzugreifen. So bekamen wir Feuerverbot. Dabei hätten wir diese Bomber-Geschwader eine Zeitlang unter Beschuß nehmen können. Sie flogen zwar sehr hoch, befanden

Das „Kriegsverdienstkreuz 2. Klasse“ mit Schwertern.

sich aber durchaus in der Reichweite unserer Geschütze. Angriffsziel dieser Verbände war die mit Flüchtlingen vollgestopfte Stadt Dresden, die fast völlig zerstört wurde. Zigtausende von Toten waren zu beklagen. Die ganze Nacht über war der Himmel von den Bränden in Dresden rot gefärbt.

Als im Westen die Amerikaner und Engländer gemeinsam mit den Franzosen zum Angriff auf das Reichsgebiet ansetzten, wurde auch unsere Batterie mit Infanteriewaffen ausgerüstet, von denen bisher nur wenige Exemplare vorhanden waren. Meist handelte es sich um erbeutete französische Gewehre mit sehr langem Rohr. Ich war heilfroh, daß sich für mich ein relativ kleiner Steyr-Stutzen fand. Zudem wurden Panzerfäuste angeliefert, an denen wir nun eine Ausbildung erhielten. Alles war theoretisch. Wir hatten nur zwei Schuß zu Übungszwecken. Wer von uns würde in der Lage sein, das Erlernte in die Praxis umzusetzten?

In der nahegelegenen Lehmgrube, wo auch unsere Munitionsreserve eingebunkert war, diente uns eine etwa 1,50 mal 1,00 Meter große und 1,5 Zentimeter starke Eisenplatte als Zielobjekt. Als Führer der Geschützstaffel bekam Wachtmeister Karl Rittberger den ersten Schuß, und dieser ging an der Platte vorbei. Welch eine Blamage! Den zweiten Schuß sprach der Batteriechef mir zu. Ich traf die Platte, wenn auch nicht genau in der Mitte, klar und eindeutig. Das Zielen mit der Panzerfaust war nicht ganz einfach, weil der Kopf nicht direkt, sondern im Bogen auf das Ziel zusteuerte. Wir bewunderten anschließend die durchgeschweißte Eisenplatte. Dieser Treffer hob natürlich das Ansehen der Luftwaffenhelfer in der Batterie.

Am 30. März 1945 erhielten wir das Abgangszeugnis von der Treitschkeschule. Darin wurde mir bescheinigt, daß ich am 1. Juli 1944 in die Klasse 7 versetzt worden sei. Ich würde die Anstalt verlassen, „um in die Wehrmacht einzutreten". Außerdem wurde festgehalten, daß ich mich seit Januar 1944 im Kriegseinsatz als Luftwaffenhelfer befand und währendessen an dem vorgeschriebenen Unterricht ordnungsgemäß teilgenommen hatte. Studienrat Dr. Groß, unser Betreuungslehrer, unterzeichnete das Abgangszeugnis auch in Vertretung des Oberstudiendirektors Werner Dreetz.

Mit diesem Zeugnis konnte ich ganz zufrieden sein. Geschichte, Erdkunde und Biologie wurden als „gut", Deutsch, Latein, Chemie, Physik, Mathematik und Handschrift als „befriedigend" bewertet. Abgangszeugnisse werden eigentlich immer geschönt. Zudem ist zu bemerken, daß der Unterricht während meiner Luftwaffenhelferzeit recht dürftig war. Was sagte doch unser Batteriechef einst, als wir statt zum Unterricht zur Infanterieausbildung mußten? „Prometheus liegt nicht mehr an, die Panzerfaust ist wichtiger!"

Auf einem besonderen DIN-A5-Bogen wurde „dem Schüler Hasso Pacyna, geb. 29. 4. 1928 in Berlin-Steglitz, der 7. Klasse der Treitschkeschule ... auf Grund seiner Einberufung zum Reichsarbeitsdienst und anschließendem Wehrdienst die Bescheinigung ausgestellt, daß er zu dem Zeitpunkt, an dem er die Reifeprüfung hätte ablegen können, den Reifevermerk erhält." Der Reifevermerk entsprach dem Abitur. Doch aus all dem wurde nichts, der Reifevermerk wurde später nicht anerkannt. Diese Bescheinigung war ebenfalls von Dr. Groß als Betreuungslehrer und in Vertretung als Oberstudiendirektor unterzeichnet, trug aber auch die Unterschrift von Leutnant Bernhard Rox in Vertretung für den Batteriechef Oberleutnant Förster.

Für uns Luftwaffenhelfer blieb zunächst alles beim alten. Vom Westen her näherten sich aber seit Anfang April im raschen Tempo die US-amerikanischen Truppen. Am 12. April wurde bei uns in der Stellung Panzeralarm gegeben. Damit hatten wir auch gerechnet, nicht aber damit, daß wir noch am selben Tage als Soldaten vereidigt wurden. Alles ging ruck, zuck, und keiner wußte, wie ihm geschah. Plötzlich hatten wir Soldbücher in der Tasche. Äußerlich änderte sich nichts. Luftwaffenuniformen trugen wir ohnehin, und die Ausgehuniformen hatten ausgedient.

Kanonier Pacyna wurde einem Panzervernichtungstrupp zugewiesen, der – mit Panzerfäusten bewaffnet – auf Fahrrädern durch die Umgebung unserer Stellung fuhr, jedoch nie einen US-Panzer zu Gesicht bekam. Oftmals gab es Artilleriebeschuß, auch Tiefflieger waren im Einsatz, mehrfach mußten wir Deckung nehmen.

In der Batterie zeigten sich bereits deutliche Auflösungserscheinungen. Kanoniere und Teile des Unteroffizierskorps setzten sich ab, insbesondere die aus Sachsen stammten. Unter anderen „verdünnisierten" sich Wachtmeister Alfred Rittberger, der Führer der Geschützstaffel, sowie Unteroffizier Helmut Palm, der Geschützführer von „Gustav". Welches Risiko gingen sie ein?

Die letzten Kriegswochen

Und die Amerikaner rückten näher. Am 14. April 1945 gegen 15.00 Uhr wurden unsere Geschütze durch Sprengung unbrauchbar gemacht. Bei zweien mußte ich mit Panzerfäusten nachhelfen. Wir zogen uns zurück, schleppten neben der Panzerfaust unsere Gewehre nebst Munition und die übliche Marschausrüstung. Hinter dem Leuna-Werk gingen wir über die Saale und kamen schließlich in ein Barackenlager vor Wallendorf. An einem Kanal bezogen wir Stellung, die aber nach

Artilleriebeschuß aufgegeben wurde. Am folgenden Tag, dem 15. April, wurden wir mit LKWs nach Schkeuditz transportiert. Dort fanden wir etwas Ruhe.

Am 16. April ging's weiter nach Glesien, einem Dorf, das mir eigentlich nur durch einen Erbseneintopf mit kräftiger Hammelfleischeinlage in Erinnerung geblieben ist. Wir schliefen in einer Scheune, wurden aber bald durch Panzeralarm aufgescheucht. Im LKW wurden wir nach Delitzsch verfrachtet und marschierten dann nach Tiefensee, wo wir erneut in einer Scheune kampierten.

Bad Düben erreichten wir am 18. April. Am Bahnhof bezogen wir Stellung, hatten bei Artilleriebeschuß ständig Gefechtsbereitschaft. Mal schliefen wir auf einem Heuboden, mal draußen in der Stellung, mal im Wartesaal des Bahnhofs. Um 3.30 Uhr brachen wir am 24. April nach Söllichau auf und gingen in einem Walde in Stellung. Doch am folgenden Tag marschierten wir früh wieder ab, nachdem wir mit Panzerfäusten überflüssige Waffen vernichtet hatten. Zu Fuß kamen wir nach Gräfenhainichen, wurden dann per LKW nach Oranienbaum befördert, wo wir in einem Barackenlager Unterschlupf fanden.

Doch damit war der Marsch der kümmerlichen Reste der 8. Batterie der Flakabteilung 406 noch keineswegs beendet. Wir gehörten nun zur „Kampfgruppe Rottmann“, die von Major Anton Rottmann, dem bisherigen Kommandeur unserer Flakabteilung, nunmehr als Regimentskommandeur geführt wurde und zuletzt im Raum Wittenberg operierte. Dieser Reserveoffizier, der im Zivilberuf Berufsschuldirektor war, fiel jedoch am 27. April 1945 im Alter von 54 Jahren.

Schon am frühen Morgen des 26. April brachen wir nach Coswig auf, überschritten dort auf einer Pontonbrücke die Elbe und gruben uns an einem Waldrand bei Möllensdorf ein. Russische Truppen lagen uns direkt gegenüber. Gegen 10.00 Uhr des nächsten Tages zogen deutsche Soldaten an uns vorbei und gaben uns den freundlichen Hinweis, daß wir nun die vorderste Front übernommen hätten. Wir verharrten in unseren Schützenlöchern, doch es blieb alles ziemlich ruhig. Von Ferne hörten wir Balalaikaklänge, zu denen die russischen Soldaten melancholisch klingende Lieder sangen. Als wir in der vordersten Linie abgelöst wurden, mußten wir feststellen, daß zwischenzeitlich unser Gepäck geplündert worden war, das wir hinter unserer Stellung abgelegt hatten.

In der Nacht zum 28. April lagen wir wieder in unseren Schützenlöchern, als gegen 3.00 Uhr rechts und links von uns Nebelwerfergranaten einschlugen, die von hinten kamen. Leutnant Bernhard Rox, der unseren Trupp von Merseburg an geführt hatte, wurde am Arm durch einen Splitter leicht verwundet. Den Arm in einer Schlinge, gab er den Rückzugsbefehl und führte uns westwärts durch Wälder zurück nach Düben. Dort fanden wir Ruhe und konnten einmal richtig ausschlafen.

Am 29. April – ich wurde an diesem Tage gerade 17 Jahre alt – marschierten wir gegen Mittag ziemlich planlos zunächst über Hundeluft nach Ragösen, dann wieder zurück nach Hundeluft und landeten schließlich in Weiden. Das waren insgesamt 18 Kilometer, mitsamt Gepäck, zu dem auch Panzerfaust und Gewehr gehörten. Dabei war mein Steyr-Stutzen noch leicht zu nennen und meiner Länge besser angepaßt als die deutschen Karabiner. Doch dieser Vorteil wurde dadurch aufgewogen, daß ich spezielle Munition brauchte, die ich zusätzlich im Tornister trug.

Die von Leutnant Rox ausgegebenen Befehle waren für uns ebenso undurchsichtig wie die eingeschlagene Marschroute. Keiner wußte, wer hinter den Befehlen steckte. Aber wie dem auch war, die Führung von Leutnant Rox sorgte letztendlich dafür, daß wir nicht in die noch heftig tobenden Endkämpfe um die Reichshauptstadt Berlin verwickelt wurden und so nicht in russische Kriegsgefangenschaft gerieten. Aber die Wanderschaft ging weiter. Allerdings verließ uns Leutnant Rox, weil er wegen seiner Verwundung unbedingt ins Lazarett mußte. Die Führung übernahm ein Leutnant Müller. Am nächsten Tag zogen wir erst gen Nordosten nach Serno, schwenkten dann aber nach Westen ab und gelangten nach Mühro, wo wir in der Nacht ankamen. Es folgte – wir schrieben den 1. Mai – ein Ruhetag, der allerdings am Abend mit einem Marsch über Nedlitz nach Schweinitz ein strapaziöses Ende fand.

Der 2. Mai hatte es wieder in sich. Um 4.00 Uhr mußte ich Sicherungsposten am Walde beziehen, wurde gegen 7.00 Uhr abgelöst, doch um 9.00 Uhr mußten wir schon wieder abmarsch-

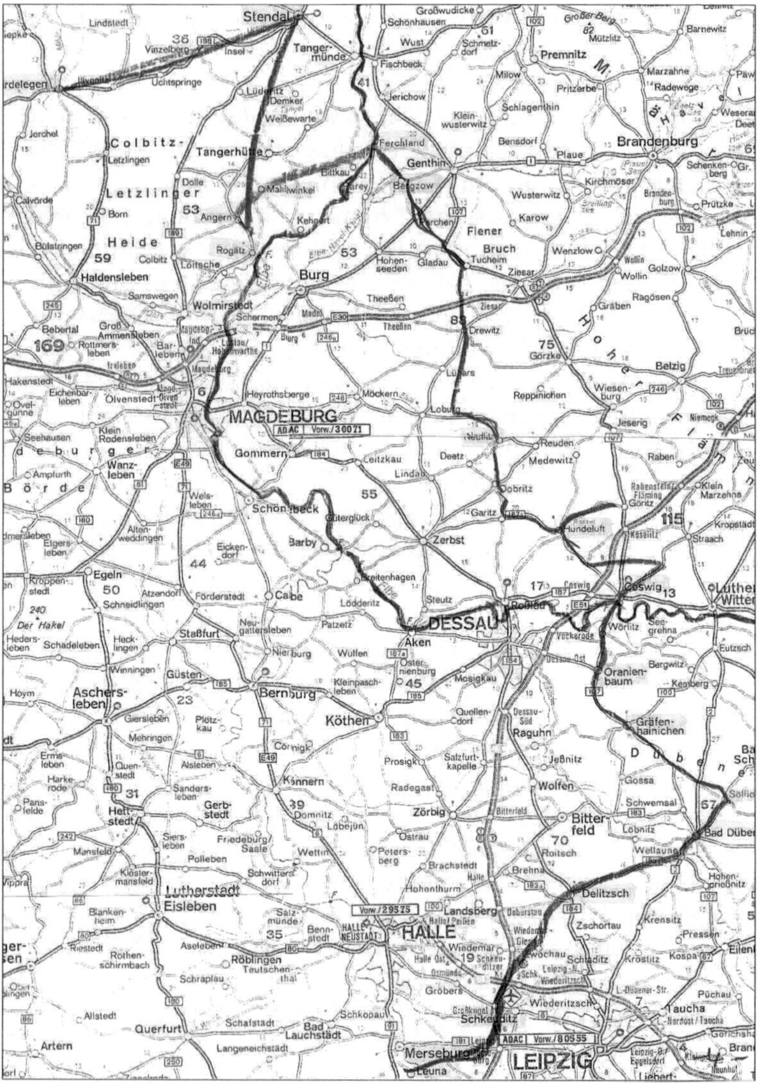

Unser „Wanderweg" in den letzten Kriegstagen.

bereit sein. 36 Kilometer lagen vor uns. Unser Ziel, Dretzel, erreichten wir, schachmatt, gegen 17.00 Uhr. Dort bezogen wir Stellung, die wir allerdings am Abend des folgenden Tages wieder verließen. Es ging weiter nach Bergzow, wo wir uns in der Nähe des Friedhofs erneut eingruben.

Den 4. und 5. Mai blieben wir in dieser Stellung am Rande eines von den deutschen Truppen östlich der Elbe gebildeten Brückenkopfs. Die US-Amerikaner hatten am westlichen Elbufer Stopp gemacht und standen Gewehr bei Fuß, griffen also in die Abwehrkämpfe der Deutschen gegen die Russen nicht ein. In diesem Brückenkopf mangelte es weder an Soldaten, noch an Waffen und Munition, noch an Verpflegung. Es war daher relativ einfach, die schlecht bewaffneten und schwach motorisierten russischen Soldaten auf Distanz zu halten. Doch Tag für Tag wurde der Brückenkopf verkleinert, indem, meist in der Nacht, Soldaten mit Frachtkähnen über die Elbe transportiert wurden, die sofort von den Amerikanern gefangengenommen wurden.

Am 6. Mai zog sich unsere Truppe von Bergzow nach Nielebock zurück, ging erneut in Stellung, wurde aber am folgenden Tage nach Ferchland an die Elbe beordert. Am 7. Mai überquerten wir unter weißer Flagge die Elbe und wurden von den Amerikanern, die uns in Empfang nahmen, sofort entwaffnet. Wir waren „prisoners of war". Beim Übersetzen hatte ich mein Soldbuch über Bord geworfen. Ich war wieder Luftwaffenoberhelfer. Den entsprechenden Ausweis hatte ich noch.

Nach längerem Warten wurden wir in Hundertschaften eingeteilt und in Marsch gesetzt. Es ging über Grieben, Birkholz, Mahlwinkel und Wenddorf nach Angern. Das waren immerhin 30 Kilometer, und wir hatten viel zu schleppen. So warm am Tage die Sonne auch schien, in den Nächten war es bitterkalt, es gab Nachtfröste, und ich war froh, meinen schweren Flakwachmantel mitgenommen zu haben.

In Angern wurden wir auf dem Gutshof zusammengetrieben. Es gab ein gewaltiges Gedränge, schnell waren Ställe und Scheunen überfüllt. Wohin in der Not?

Das war eine bedrückende Frage. Schließlich landete ich mit meiner Habe auf dem Misthaufen. Dort ließen wir uns nieder, fielen in Schlaf, und die von unten kommende Wärme tat uns gut. Früh wurden wir wieder hochgescheucht, mußten in Hundertschaften antreten und lange, lange warten, bis wir den Marsch zur Bahnstation Angern-Rogätz antraten. Zuvor wurden wir von US-Soldaten „gefilzt“. Insbesondere hatten sie es auf unsere Uhren abgesehen.

Auf den Gleisen standen offene Güterloren, in die jeweils 80 Mann hineingepfercht wurden. Über Stendal wurden wir nach Gardelegen transportiert, wo wir auf dem Flugplatzgelände hinter Stacheldraht kamen. Vom 8. bis zum 15. Mai lagerten wir dort, schliefen oft draußen oder in den Kellern der Flugplatzgebäude, erhielten als Verpflegung für 20 Mann jeweils ein Care-Paket mit „five menus“. Das war nicht gerade üppig. Doch in den Paketen waren auch Zigaretten, und so fing ich mit dem Rauchen an. Schlimm war die Wasserversorgung, standen doch für die rund 30 000 auf dem Flugplatz lagernden Gefangenen nur zwei Wasserhähne zur Verfügung. Stundenlang mußte man anstehen, um sein Kochgeschirr füllen zu können.

Am 15. Mai wurde unsere Gruppe in die Baracken des Fallschirmjäger-Ausbildungslagers in Gardelegen umquartiert, wo wir total verlauste Strohmatratzen vorfanden. So mußten wir sie verbrennen. Hier lernte ich, wie man aus einer Decke eine „Verbrechermatratze“ formen kann. Die Decke wurde wie Wellpappe in Falten gelegt, damit man auf den Brettern nicht gar so hart lag.

Die Verpflegung war dürftig, meist gab es Suppe, die aus getrockneten Möhren hergestellt und von uns „Drahtverhausuppe“ genannt wurde. Dazu erhielten wir Kommißbrot, eins für 20 Mann, und täglich eine Zigarette. Als ich aber herausfand, daß gar mancher Landser bereit war, eine Scheibe Brot für eine Zigarette abzugeben, war ich schnell vom Rauchen kuriert, und das fürs Leben. Erweitert wurde unsere Verpflegung durch Getreidefladen, die wir aus gefundenem, grob gemahlenem, mit Wasser verrührtem Weizen auf erhitzten Eisenblechen backten. Junge Brennesseln, die im Übermaß an den Zäunen unseres Lagers sprossen, ergaben eine zusätzliche Suppe.

Während unseres Lagerlebens in Gardelegen kam für uns noch ein Umbruch. Die US-Amerikaner zogen sich aus Sachsen-Anhalt zurück und übergaben das von ihnen eroberte Gebiet den Briten. So wurden wir britische Gefangene. Das änderte zwar nichts an unserer Situation, aber die Lagerordnung wurde wesentlich strenger.

Am 9. Juni marschierten wir unter der Parole „Auf zum Ernteeinsatz!" nach Lockstedt, südöstlich von Oebisfelde. Wir arbeiteten rund drei Wochen auf Bauernhöfen in der Umgebung, mußten aber am Abend ins bewachte Schlafquartier zurückkehren. Am 30. Juni wurden wir plötzlich nach Rätzlingen beordert und dort in einer Scheune eingesperrt.

Wir erfuhren, daß das Gebiet von Sachsen-Anhalt am 1. Juli den Russen übergeben werden sollte, einschließlich der in diesem Gebiet gefangenen Soldaten. Doch wir hatten Glück. Als am Stichtag gegen 3.00 Uhr unsere britischen Wachen abzogen, waren die Russen noch nicht eingetroffen. Wir befreiten uns aus der Scheune und marschierten in angemessenem Abstand hinter den britischen Truppen her.

Kaum hatten wir die neue Grenze zwischen der britischen und der russischen Besatzungszone überschritten, waren wir wieder in englischer Gefangenschaft, zunächst in Hehlingen, südöstlich von Wolfsburg. Dann wurden wir nach Südwesten in Marsch gesetzt, bis wir schließlich bei der Zuckerfabrik von Dettum, westlich von Wolfenbüttel erneut hinter Stacheldraht kamen.

Wir lagerten auf einer freien Wiese, schliefen draußen und wurden spärlich verpflegt. Jeweils zwei Mann bekamen eine Dreieckzeltplane. Daraus bauten wir mit Hilfe eines Stockes ein Tipi, in dem wir engstens beieinander lagen. Der Boden war feucht, und ich wurde von Rheuma geplagt, wie ich dies bis dahin noch nicht erlebt hatte. Ich konnte mich schließlich nicht mehr mit den Händen aufstützen. Da half weder die vom Sanitäter verabreichte Salbe etwas, noch der Watteverband um die Gelenke.

Unser weiteres Schicksal wurde wesentlich durch ein überaus starkes Gewitter beeinflußt, das um den 15. Juli herum herunterkam. Der an der Zuckerfabrik vorbeifließende Bach trat im Nu über die Ufer und setzte unser gesamtes Lager unter Wasser, einschließlich der Latrinen, die nichts anderes als schlichte Gräben waren. In der Befürchtung, daß in diesem total vernäßten Gebiet allein schon aufgrund der hygienischen Verhältnisse eine Seuche ausbrechen könnte, wurden alle „Unverdächtigen“ möglichst rasch entlassen. Am 22. Juli schlug meine Stunde. Ich erhielt meine Entlassungsurkunde mit dem selbstverständlichen „right thumbprint“, dem Abdruck des rechten Daumens. Zwar war mir bescheinigt worden, daß ich ungezieferfrei sei, das verhinderte aber nicht, daß wir zunächst per LKW nach Steinhagen im Münsterland transportiert wurden und dort eine Entlausungsstation passieren mußten. Am 25. Juli endlich landete ich in Höxter an der Weser, dem von mir erwünschten Entlassungsort. Meine Familie hatte ja, man erinnere sich, Berlin bereits im Jahre 1943 verlassen.

Man mag sich wundern, wieso ich gerade die letzten hundert Tage meines Luftwaffenhelferdaseins so genau in Erinnerung habe. Verwunderung ist überflüssig. Bei der Durchsicht alter Unterlagen fand ich Tagebuchnotizen, die ich auf den beiden Seiten eines Feldpost-Faltbriefes – ähnlich den Luftpost-Leichtbriefen – niedergeschrieben hatte. Jahrzehnte lang hatte ich sie, wie viele andere Unterlagen auch, aufgehoben.

Als ich in Höxter ankam, wog ich bei einer Größe von 1,72 Meter nur 87 Pfund. Der schwere Flakwachmantel, der mir während der ganzen Gefangenschaft gute Dienste geleistet hatte, ließ mich etwas kompakter wirken. Meine geringe Habe transportierte ich in dem Karton eines Care-Paketes, um den ich meine lappige schwarze Decke gewickelt hatte. Das ganze wurde mit dem Seil eines Fallschirms zusammengehalten, das ich im Lager von Gardelegen ergattern konnte.

In Höxter wohnte Tante Grete, die Schwester der Mutter unseres Vaters, zusammen mit ihrer Mutter, Wanda Streckenbach, meiner Urgroßmutter, in der Gartenstraße, nahe am Wall. Dort traf ich nur meine Mutter an. Meine Eltern hatten am 30. April, vor allen Dingen in Sorge um meine Schwester Barbara, Neuruppin verlassen, als die sowjetischen Truppen nur noch drei Kilometer von der Stadt entfernt waren. In einer riesigen Flüchtlingskolonne zogen sie zu Fuß in Richtung Kyritz – Havelberg.

Als sie am 2. Mai nach einem Gewaltmarsch von zwölf Stunden in Nitzow an die Havel gelangten, kamen ihnen die Russen von vorn und hinten bedrohlich nahe. In dieser Situation bat mein Vater – auch krankheitsbedingt und wegen seiner Verwundung aus dem ersten Weltkrieg – meine Mutter und meine Schwester, die beide Fahrräder hatten, dringend, ohne ihn in der Nacht zu versuchen, über die Elbe in amerikanische besetztes Gebiet zu kommen. Trotz schwersten Beschusses gelang dieses abenteuerliche Unternehmen. Unter großen Anstrengungen und Entbehrungen erreichten sie am 12. Mai Höxter an der Weser. Barbara arbeitete bei meiner Ankunft in Marienmünster bei Steinheim, wodurch sich unser Wiedersehen etwas hinauszog.

Wir lebten zunächst in der Ungewißheit, was aus unserem Vater geworden war. Wie wir erst im Spätherbst 1945 erfuhren, war mein Vater nach Neuruppin zurückgekehrt, wo schließlich auch mein Bruder eintraf. Heiko hatte, wie verabredet, nach Kriegsende erst einmal in Schwerin, das von den Briten besetzt war, auf seine Eltern gewartet. Beide blieben in Neuruppin, bis Heiko sein Abitur gemacht hatte, während mein Vater als Lohngärtner arbeitete. Mitte 1947 kamen beide schwarz über die grüne Grenze nach Höxter, wo sich nun erstmals nach dem Kriege die ganze Familie Pacyna traf.

Für mich gab es nur eine kurze Pause, die ich mit unserer Mutter zusammen verbrachte. Sie hatte bei Tante Grete lediglich ein möbliertes Zimmer. Schon bald ging ich zum Arbeitsamt, um mir eine Stelle zu suchen, da ich als mittelloser Flüchtling keinerlei Chancen sah, erneut die Schulbank zu drücken, um etwa das Abitur nachzumachen. Ich wollte auch nicht wieder in die Schule gehen. Zudem verließ ich mich auf meinen „Reifevermerk".

Daß ich in der Landwirtschaft tätig werden wollte, stand von vornherein fest. Ich suchte eine Lehrstelle, doch diese waren damals rar. So nahm ich zum 9. August eine Stelle als landwirtschaftlicher Hilfsarbeiter in Bosseborn an, nur wenige Kilometer von Höxter entfernt, bis ich zum 1. März 1946 auf Gut Kemperfeld bei Herstelle an der Weser eine Lehrstelle fand.

Dokumente

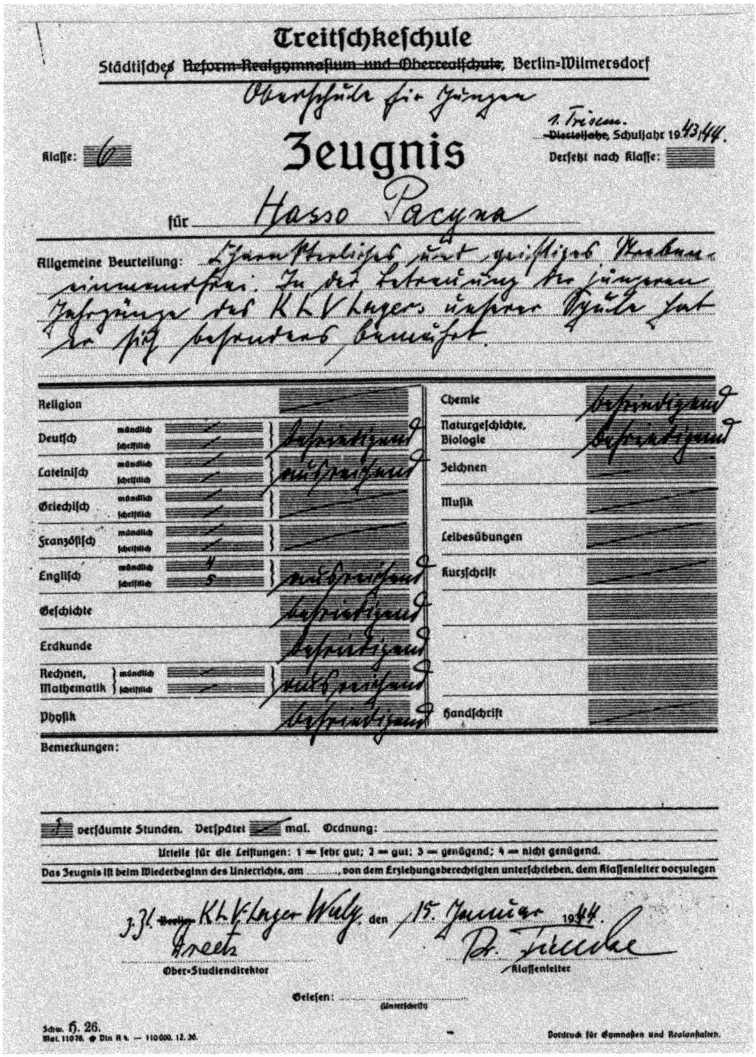

Treitschkeschule

Städtisches ~~Reform-Realgymnasium und Oberrealschule~~, Berlin-Wilmersdorf

Oberschule für Jungen

1. Trimester ~~Vierteljahr~~, Schuljahr 1943/44.

Zeugnis

Klasse: 6

Versetzt nach Klasse:

für Hasso Pacyna

Allgemeine Beurteilung: Charakterliches und geistiges Verhalten einwandfrei. In der Betreuung der jüngeren Jahrgänge des KLV Lagers unserer Schule hat er sich besonders bewährt.

Religion		—	Chemie	befriedigend
Deutsch	mündlich / schriftlich	befriedigend	Naturgeschichte, Biologie	befriedigend
Lateinisch	mündlich / schriftlich	ausreichend	Zeichnen	—
Griechisch	mündlich / schriftlich	—	Musik	—
Französisch	mündlich / schriftlich	—	Leibesübungen	—
Englisch	mündlich 4 / schriftlich 5	ausreichend	Kurzschrift	—
Geschichte		befriedigend		
Erdkunde		befriedigend		
Rechnen, Mathematik	mündlich / schriftlich	ausreichend		
Physik		befriedigend	Handschrift	—

Bemerkungen:

1 versäumte Stunden. Verspätet — mal. Ordnung:

Urteile für die Leistungen: 1 = sehr gut; 2 = gut; 3 = genügend; 4 = nicht genügend.

Das Zeugnis ist beim Wiederbeginn des Unterrichts, am ...., von dem Erziehungsberechtigten unterschrieben, dem Klassenleiter vorzulegen.

z. Zt. ~~Berlin~~ KLV-Lager Waly, den 15. Januar 1944.

Ober-Studiendirektor — Klassenleiter Dr. [illegible]

Gelesen: .... (Unterschrift)

Schw. H. 26. Mat. 11076. Din A 4. — 110000. 12. 36.

Vordruck für Gymnasien und Realanstalten.

Zeugnis der Treitschkeschule aus dem KLV-Lager Waly bei Kutno, 15. Januar 1944.

Luftwaffenoberhelfer
PERSONALAUSWEIS NR. [illegible]

für den Lw.-Helfer: Hasso Pacyna (Vor- und Zuname)
geboren am: 29. 4. 28 zu: Bln.-Steglitz
Diensteintritt am: 26. 1. 44
Haar: braun Augen: blaugrau
Besondere Kennzeichen:
Narbe am Rückgrat

Hasso Pacyna
(Vor- und Zuname. Eigenhändige Unterschrift)

Alle militärischen und zivilen Dienststellen werden ersucht, dem Inhaber nötigenfalls Schutz und Hilfe zu gewähren.

Der Reichsminister der Luftfahrt und Oberbefehlshaber der Luftwaffe.

10. 2. 44
(Ort und Tag)

Dienststelle L 44756
(Truppenteil)

Feldpostnummer L 44756 CGDA
Dienststempel

[illegible]
Oberleutnant u. Batteriechef
(Unterschrift und Dienstgrad des Vorgesetzten)

(Zeitstempel)

I 19	44 II
I 19	45.

1944. Vorderseite meines Luftwaffenhelfer-Personalausweises.

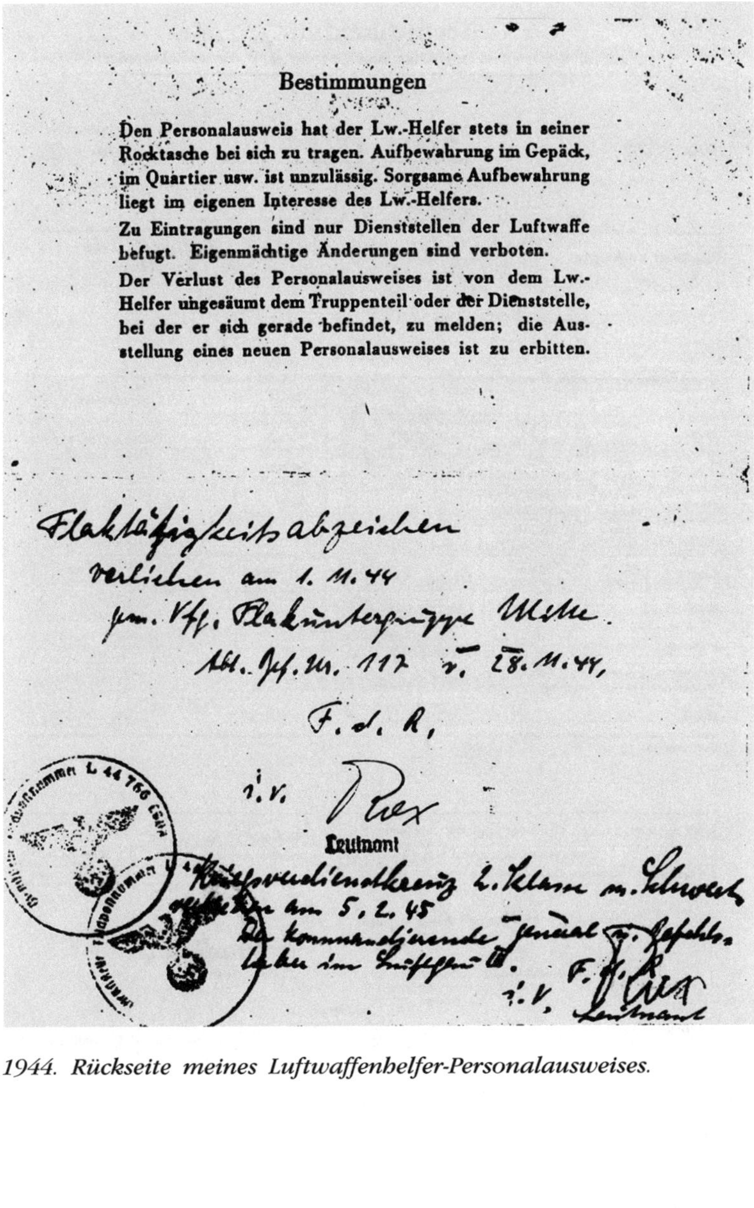

Bestimmungen

Den Personalausweis hat der Lw.-Helfer stets in seiner Rocktasche bei sich zu tragen. Aufbewahrung im Gepäck, im Quartier usw. ist unzulässig. Sorgsame Aufbewahrung liegt im eigenen Interesse des Lw.-Helfers.

Zu Eintragungen sind nur Dienststellen der Luftwaffe befugt. Eigenmächtige Änderungen sind verboten.

Der Verlust des Personalausweises ist von dem Lw.-Helfer ungesäumt dem Truppenteil oder der Dienststelle, bei der er sich gerade befindet, zu melden; die Ausstellung eines neuen Personalausweises ist zu erbitten.

Flaktätigkeitsabzeichen
verliehen am 1. 11. 44
gem. Vfg. Flakuntergruppe Mitte
Abt. Bef. Nr. 117 v. 28. 11. 44.

F. d. R.

i. V. [Unterschrift]

Leutnant

Kriegsverdienstkreuz 2. Klasse m. Schwertern
verliehen am 5. 2. 45
Der kommandierende General u. Befehlshaber im Luftgau III.

F. d. R.
i. V. [Unterschrift]
Leutnant

1944. Rückseite meines Luftwaffenhelfer-Personalausweises.

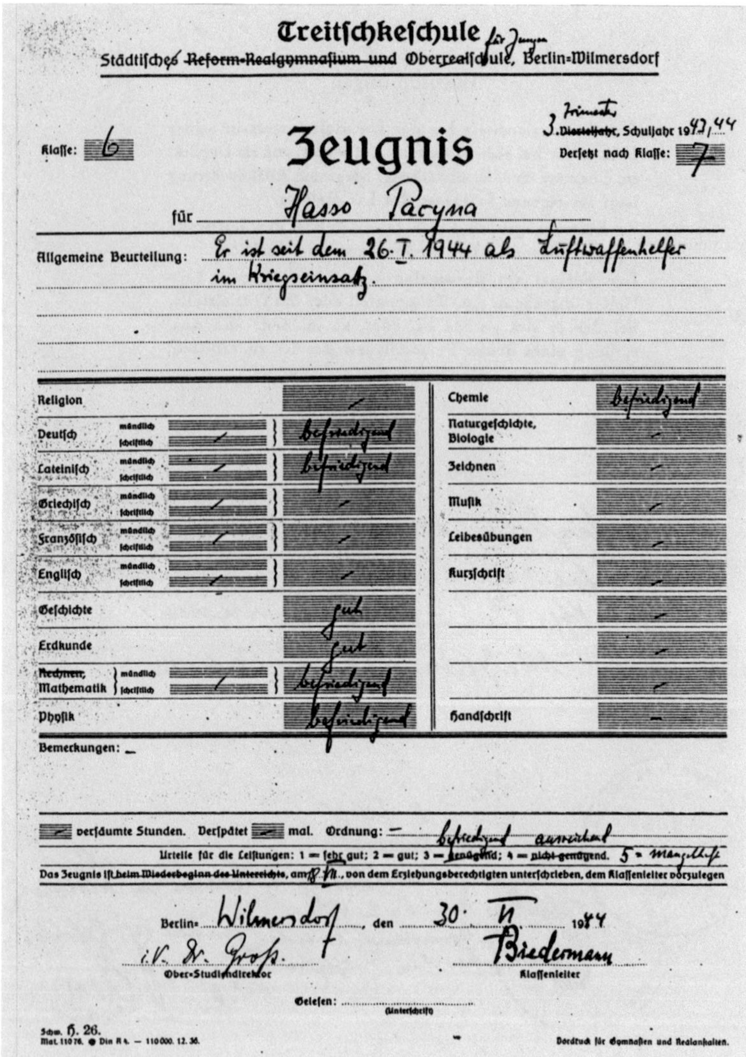
Treitschkeschule für Jungen

Städtische ~~Reform-Realgymnasium und~~ Oberschule, Berlin-Wilmersdorf

3. Trimester (~~Vierteljahr~~), Schuljahr 1943/44

Klasse: 6

Zeugnis

Versetzt nach Klasse: 7

für Hasso Pacyna

Allgemeine Beurteilung: Er ist seit dem 26. I. 1944 als Luftwaffenhelfer im Kriegseinsatz.

Religion	–	Chemie	befriedigend
Deutsch (mündlich / schriftlich)	befriedigend	Naturgeschichte, Biologie	–
Lateinisch (mündlich / schriftlich)	befriedigend	Zeichnen	–
Griechisch (mündlich / schriftlich)	–	Musik	–
Französisch (mündlich / schriftlich)	–	Leibesübungen	–
Englisch (mündlich / schriftlich)	–	Kurzschrift	–
Geschichte	gut		–
Erdkunde	gut		–
~~Rechnen~~, Mathematik (mündlich / schriftlich)	befriedigend		–
Physik	befriedigend	Handschrift	–

Bemerkungen: –

– versäumte Stunden. Verspätet – mal. Ordnung: – ~~befriedigend~~ ausreichend

Urteile für die Leistungen: 1 = sehr gut; 2 = gut; 3 = ~~genügend~~; 4 = ~~nicht genügend~~. 5 = mangelhaft

Das Zeugnis ist ~~beim Wiederbeginn des Unterrichts~~, am 8. VII., von dem Erziehungsberechtigten unterschrieben, dem Klassenleiter vorzulegen

Berlin-Wilmersdorf, den 30. VI. 1944

i.V. Dr. Groß
Ober-Studiendirektor

Biedermann
Klassenleiter

Gelesen: .... (Unterschrift)

Schw. H. 26. Mat. 11076. Din A4. — 110000. 12. 36.

Vordruck für Gymnasien und Realanstalten.

Zeugnis der Treitschkeschule vom 30. Juni 1944.

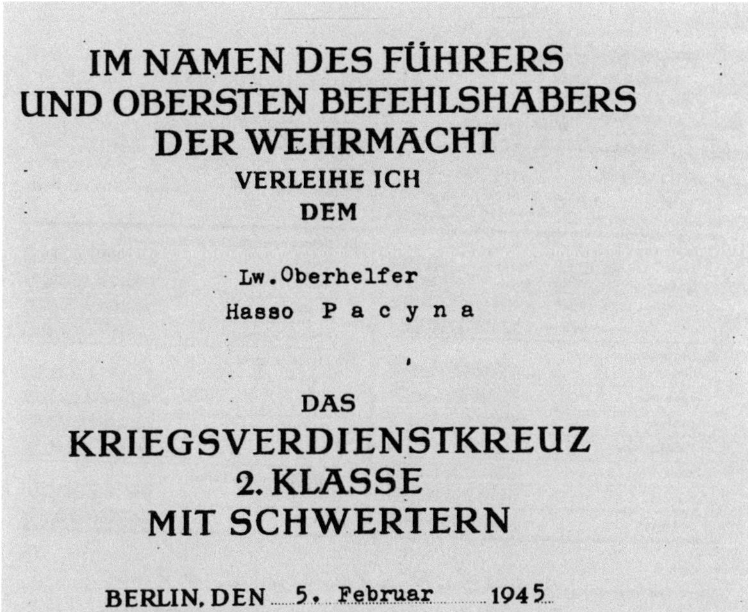

IM NAMEN DES FÜHRERS
UND OBERSTEN BEFEHLSHABERS
DER WEHRMACHT
VERLEIHE ICH
DEM

Lw.Oberhelfer
Hasso P a c y n a

DAS
KRIEGSVERDIENSTKREUZ
2. KLASSE
MIT SCHWERTERN

BERLIN, DEN 5. Februar 1945

DER KOMMANDIERENDE GENERAL
UND BEFEHLSHABER IM LUFTGAU III

GENERAL DER FLAKARTILLERIE

Verleihungsurkunde Kriegsverdienstkreuz 2. Klasse mit Schwertern.

Stempel der Schule:
Treitschkeschule
Oberschule für Jungen
Berlin-Wilmersdorf
Prinzregentenstr. 33–34

Abgangszeugnis

Hasso Pegna

Sohn des [illegible] Günther Pegna zu Berlin-Wilmersdorf, geboren den 29. April 1928 zu Berlin-Steglitz, ev. Bekenntnisses, hat der Anstalt 6 u. 4 Monate Jahre, seit 1. Juli 1944 der Klasse 7 angehört. Er ist am 1. Juli 1944 nach Klasse 7 versetzt worden und verläßt die Anstalt, um in die Wehrmacht einzutreten.

I. Leibeserziehung: *)			
Spiele	/	Turnen	/
Leichtathletik	/	Boxen	/
Schwimmen	/	Rudern	/
Gesamturteil:			

II. Deutschkunde:	
Deutsch	befriedigend
Geschichte	gut
Erdkunde	gut
Kunsterziehung	/
Musik	/
	/
Handschrift	befriedigend

III. Naturwissenschaft und Mathematik:	
Biologie	gut
Chemie	befriedigend
Physik	befriedigend
Rechnen, Mathematik	befriedigend

IV. Fremdsprachen:	
Englisch	/
Lateinisch	befriedigend
Griechisch	/
	/

V. Arbeitsgemeinschaften:	
	/
	/

Allgemeine Beurteilung: Der Schüler Hasso Pegna befand sich seit dem 10. 1. 44 im Kriegseinsatz als Luftwaffenhelfer und hat an dem für diese vorgeschriebenen Unterricht ordnungsmäßig teilgenommen.

Bemerkungen:

Urteile für die Leistungen: 1 = sehr gut, 2 = gut, 3 = befriedigend, 4 = ausreichend, 5 = mangelhaft, 6 = ungenügend.

*) Die Noten 1—9 bedeuten kein Prädikat, sondern sind Ausdruck des „Schwierigkeitsgrades" der Leistung für die jeweilige Altersklasse.

Berlin, den 30. März 1945

i.V. Dr. Groß
OBER-STUDIENDIREKTOR

Dr. Groß, Studienrat
KLASSENLEITER

Schul. H. 28. (Abgangszeugnis für Gymnasien und Oberschulen für Jungen).
Mat. 11078. Din A 5. — 5000. 10. 43.

Abgangszeugnis von der Treitschkeschule vom 30. März 1945.

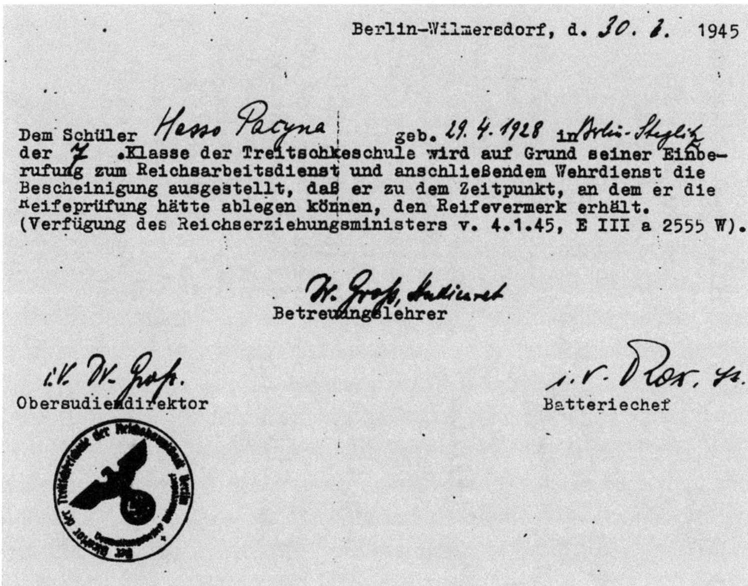

Berlin-Wilmersdorf, d. 30. 3. 1945

Dem Schüler Hesso Pacyna geb. 29. 4. 1928 in Berlin-Steglitz der 7 .Klasse der Treitschkeschule wird auf Grund seiner Einberufung zum Reichsarbeitsdienst und anschließendem Wehrdienst die Bescheinigung ausgestellt, daß er zu dem Zeitpunkt, an dem er die Reifeprüfung hätte ablegen können, den Reifevermerk erhält.
(Verfügung des Reichserziehungsministers v. 4.1.45, E III a 2555 W).

W. Groß, Studienrat
Betreuungslehrer

i.V. W. Groß.
Obersudiendirektor

i.V. [illegible]
Batteriechef

„Reifevermerk" vom 30. März 1945.

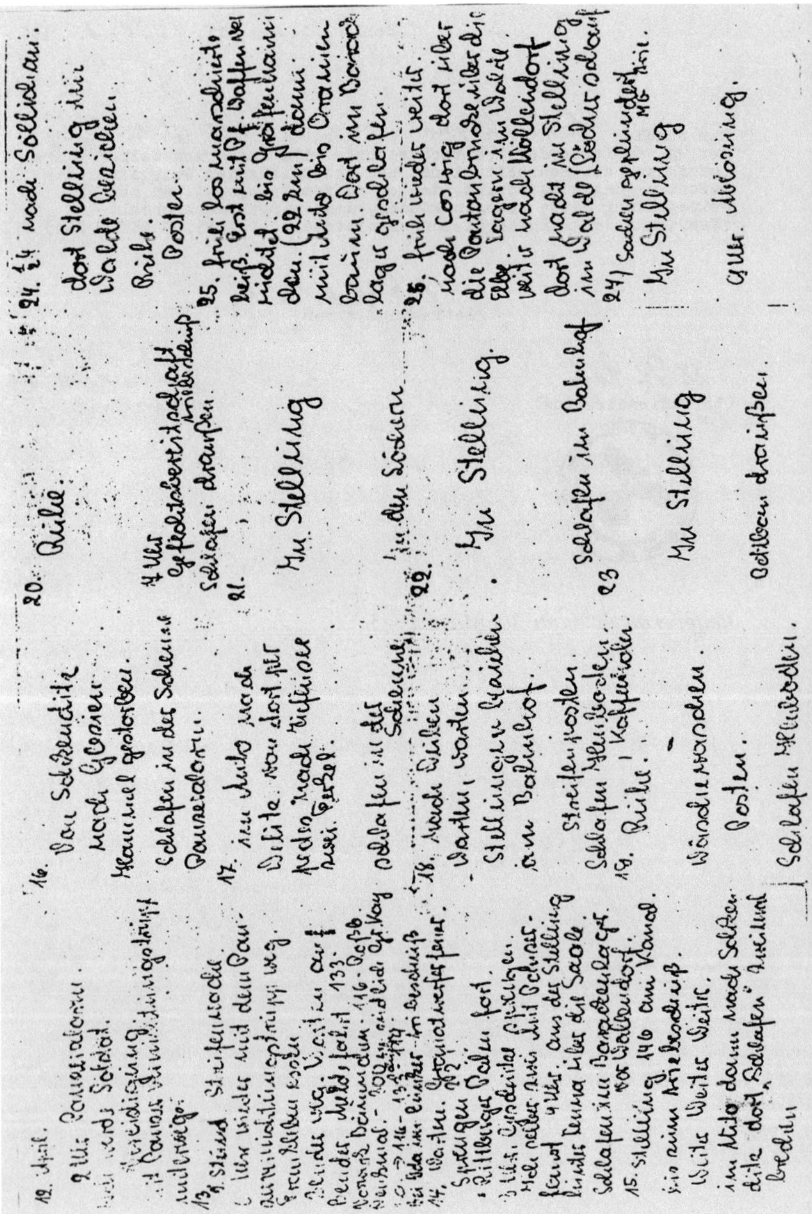

Mein „Tagebuch" der letzten Kriegstage (1).

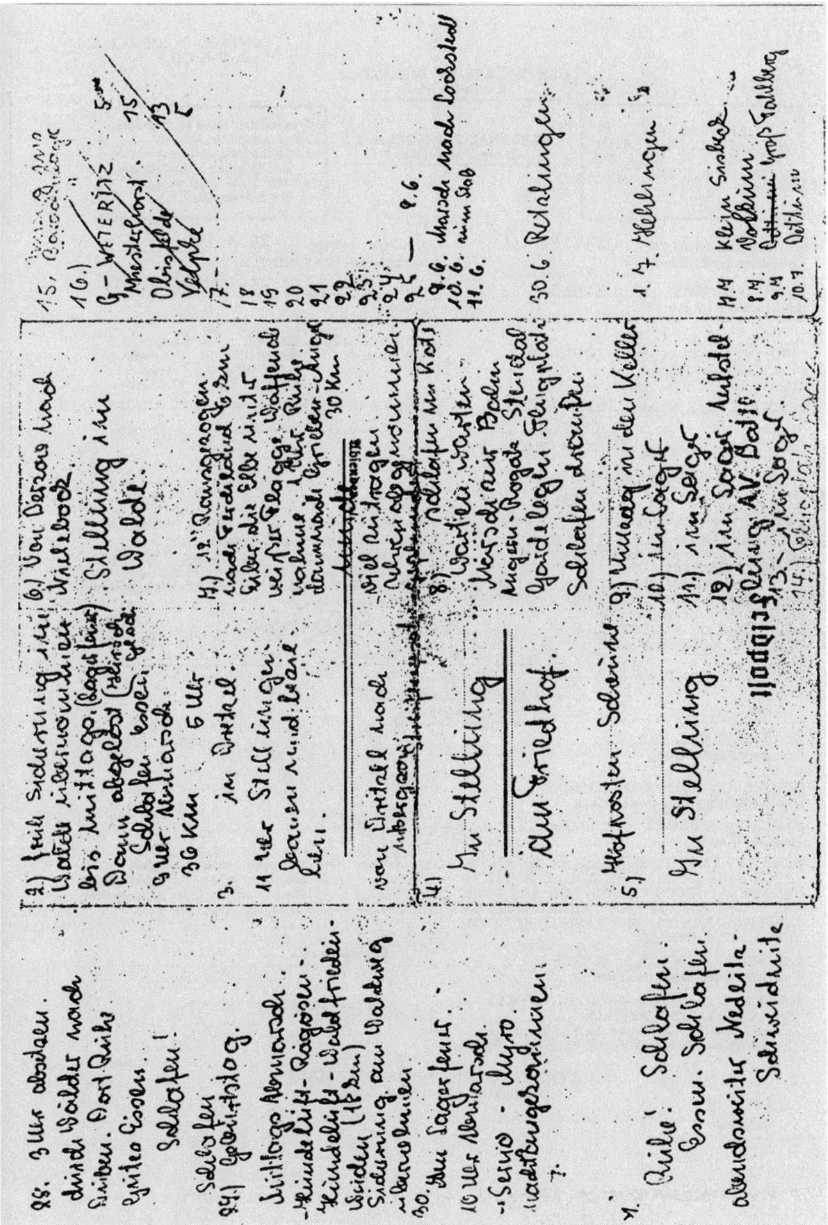

28. 3 Uhr absitzen.
durch Wälder nach
Sieben. Dort Ruhe
gutes Essen.
Schlafen!
Schlafen
29.) Geburtstag.
Mittags Abmarsch.
- Hundeluft - Rägösen -
Hundeluft - Waldfrieden -
Weiden (18 km)
Sicherung am Waldweg
übernehmen
30. Am Lagerfeuer.
10 Uhr Abmarsch.
- Serno - Mühro.
nachts angekommen.
1. Ruhe! Schlafen.
Essen. Schlafen.
abends weiter Nedlitz -
Schweinitz

2.) früh Sicherung im
Walde übernommen
bis Mittags. (Lagerfeuer)
Dann abgelöst (Hirsch gesch.)
Schlafen essen
9 Uhr Abmarsch
36 km 5 Uhr
3. im Dretzel.
11 Uhr Stellungen
bauen und beziehen.
von Dretzel nach
[illegible]
4.) In Stellung
Am Friedhof.
5.) Hofposten Scheune
In Stellung
Feldpost

6.) Von Dessow nach
[illegible]
Stellung im
Walde.
7.) 12 Uhr Rausgezogen
nach Ferchland 6 km
über die Elbe unter
weißer Flagge. Waffenab-
nahme. 1 Uhr Ruhe
dann nach Grieben - Angern
30 km
Viel [illegible]
Uhren abgenommen.
8.) Schlafen im [illegible]
Warten, warten
Marsch zur Bahn
Angern - Rogätz Stendal
Gardelegen Flugplatz
Schlafen draußen.
9.) Umzug in den Keller
10.) im Lager
11.) im Lager
12.) im Lager. Aufstel-
lung AV. Batl.
13. im Lager
14.) Flugplatz [illegible]

15. [illegible]
16.)
G - WETERITZ 5
Miesterhorst 15
Oebisfelde 13
Velpke 6
17. -
18
19
20
21
22
23
24
25 — 8.6.
9.6. Marsch nach Lockstedt
10.6. zum Stab
11.6.
30.6. Retzlingen
1.7. Hehlingen
7.7. Klein Sisbeck
8.7. Volkum
9.7. [illegible] Groß Fallberg
10.7. Dettum

Mein „Tagebuch" der letzten Kriegstage (2).

CONTROL FORM D.2
Kontrollblatt D.2

CERTIFICATE OF DISCHARGE
Entlassungsschein

ALL ENTRIES WILL BE MADE IN BLOCK LATIN CAPITALS AND WILL BE MADE IN INK OR TYPESCRIPT.

I
PERSONAL PARTICULARS
Personalbeschreibung

Dieses Blatt muss in folgender weise ausgefüllt werden:
1. In lateinischer Druckschrift und in grossen Buchstaben.
2. Mit Tinte oder mit Schreibmaschine.

SURNAME OF HOLDER ...PACYNA...
Familienname des Inhabers

DATE OF BIRTH ...29.4.28...
Geburtsdatum (DAY/MONTH/YEAR —Tag/Monat/Jahr)

CHRISTIAN NAMES ...HASSO...
Vornamen des Inhabers

PLACE OF BIRTH ...BERLIN-STEGLITZ.
Geburtsort

CIVIL OCCUPATION ...SCHÜLER...
Beruf oder Beschäftigung

FAMILY STATUS—SINGLE / Ledig
Familienstand — MARRIED / Verheiratet
WIDOW(ER) / Verwitwet
DIVORCED / Geschieden

HOME ADDRESS (Strasse) ...GARTENSTR. 1...
Heimatanschrift Ort ...HÖXTER...
Kreis ...
Regierungsbezirk/Land
...MINDEN...

NUMBER OF CHILDREN WHO ARE MINORS
Zahl der minderjährigen Kinder ...KEINE...

I HEREBY CERTIFY THAT TO THE BEST OF MY KNOWLEDGE AND BELIEF THE PARTICULARS GIVEN ABOVE ARE TRUE.
I ALSO CERTIFY THAT I HAVE READ AND UNDERSTOOD THE "INSTRUCTIONS TO PERSONNEL ON DISCHARGE" (CONTROL FORM D.1).

Ich erkläre hiermit, nach bestem Wissen und Gewissen, dass die obigen Angaben wahr sind. Ich bestätige ausserdem dass ich die "Anweisung für Soldaten und Angehörige Militär-ännlicher Organisationen" u.s.w. (Kontrollblatt D.1) gelesen und verstanden habe.

SIGNATURE OF HOLDER ...Hasso Pacyna...
Unterschrift des Inhabers

P A C Y N A

II
MEDICAL CERTIFICATE
Ärztlicher Befund

DISTINGUISHING MARKS ...KEINE...
Besondere Kennzeichen

DISABILITY, WITH DESCRIPTION ...KEINE...
Dienstunfähigkeit, mit Beschreibung

MEDICAL CATEGORY ...ARBEITSFÄHIG...
Tauglichkeitsgrad

I CERTIFY THAT TO THE BEST OF MY KNOWLEDGE AND BELIEF THE ABOVE PARTICULARS RELATING TO THE HOLDER ARE TRUE AND THAT HE IS NOT VERMINOUS OR SUFFERING FROM ANY INFECTIOUS OR CONTAGIOUS DISEASE.

Ich erkläre hiermit, nach bestem Wissen und Gewissen, dass die obigen Angaben wahr sind, dass der Inhaber ungezieferfrei ist und dass er keinerlei ansteckende oder übertragbar Krankheit hat.

SIGNATURE OF MEDICAL OFFICER ...
Unterschrift des Sanitätsoffiziers

NAME AND RANK OF MEDICAL OFFICER IN BLOCK LATIN CAPITALS ...OBERSTABSARZT DR. SOMMER...
Zuname/Vorname/Dienstgrad des Sanitätsoffiziers
(In lateinischer Druckschrift und in grossen Buchstaben)

P.T.O.
Bitte wenden

† DELETE THAT WHICH IS INAPPLICABLE
Nichtzutreffendes durchstreichen

PsS 2196 8.45 1000m

Die Vorderseite meines Kriegsgefangenen-Entlassungsscheines.

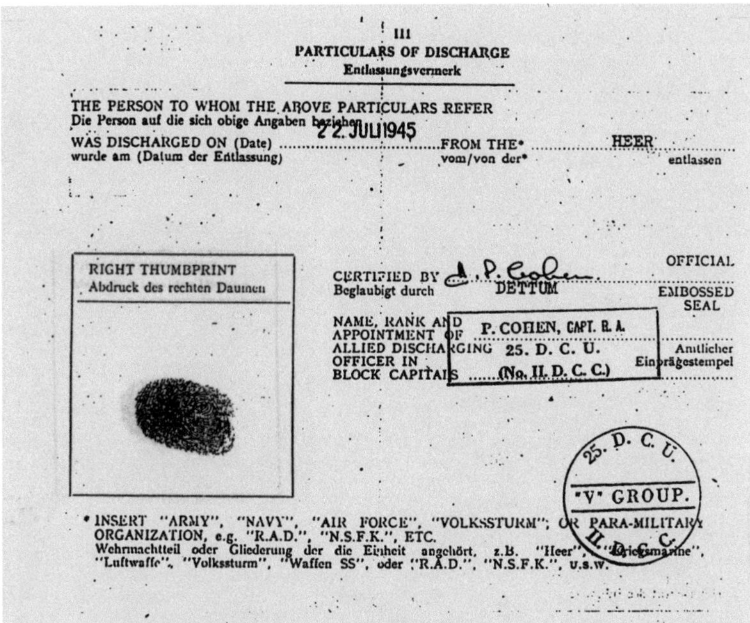

III
PARTICULARS OF DISCHARGE
Entlassungsvermerk

THE PERSON TO WHOM THE ABOVE PARTICULARS REFER
Die Person auf die sich obige Angaben beziehen
WAS DISCHARGED ON (Date) 22. JULI 1945 FROM THE* HEER
wurde am (Datum der Entlassung) vom/von der* entlassen

RIGHT THUMBPRINT
Abdruck des rechten Daumens

CERTIFIED BY P. Cohen DETTUM
Beglaubigt durch

OFFICIAL EMBOSSED SEAL
Amtlicher Einprägestempel

NAME, RANK AND APPOINTMENT OF ALLIED DISCHARGING OFFICER IN BLOCK CAPITALS
P. COHEN, CAPT. R. A.
25. D. C. U.
(No. II. D. C. C.)

25. D. C. U.
"V" GROUP.
II. D. C. C.

* INSERT "ARMY", "NAVY", "AIR FORCE", "VOLKSSTURM", OR PARA-MILITARY ORGANIZATION, e.g. "R.A.D.", "N.S.F.K.", ETC.
Wehrmachtteil oder Gliederung der die Einheit angehört, z.B. "Heer", "Kriegsmarine", "Luftwaffe", "Volkssturm", "Waffen SS", oder "R.A.D.", "N.S.F.K.", u.s.w.

Arbeitsamt Paderborn
Nebenstelle Höxter

Zur Beachtung!
Wird ab 78 Zut.-Periode in der Kartei der Ernährungsstelle der Stadt Höxter geführt.
Bei Reisen oder beim Umzug erfolgt Ausgabe der Lebensmittelkarten nur gegen Vorlage einer Reise- oder Umzugsabmeldebestätigung.

Der Bürgermeister als Ortspolizeibehörde der Stadt Höxter
(Einwohnermeldeamt)
24. JULI 1945

12146

Amt Höxter-Land

Die Rückseite meines Kriegsgefangenen-Entlassungsscheines vom 22. Juli 1945.

Aus Reihe ZEITGUT
Die fesselnde Geschichte des Alltags aus erster Hand

Täglich Krieg.
Deutschland 1939–1945
41 Geschichten und Berichte von Zeitzeugen
362 Seiten mit vielen Abbildungen,
Ortsregister, Chronologie, gebunden.
Band 9
ISBN 3-933336-34-1, EUR 18,90

Und weiter geht es doch.
Deutschland 1945–1950
45 Geschichten und Berichte von Zeitzeugen
361 Seiten mit vielen Abbildungen,
Ortsregister, Chronologie, Klappenbroschur.
Band 8
ISBN 3-933336-10-4, EUR 18,90

Von hier nach drüben.
Grenzgänge, Reisen und
Fluchten 1945–1961
38 Geschichten und Berichte von Zeitzeugen
332 Seiten mit vielen Abbildungen,
Ortsregister, Chronologie, Klappenbroschur.
Band 11.
ISBN 3-933336-13-9, EUR 18,90

Getäuscht und verraten.
Jugend in Deutschland 1933–1939
43 Geschichten und Berichte von Zeitzeugen
320 Seiten mit vielen Abbildungen,
Ortsregister, Chronologie, geunden.
Band 16
ISBN 3-933336-07-4, EUR 18,90

Weitere Informationen unter www.zeitgut.com